岩波現代文庫／社会 259

青春の夢と遊び

〈子どもとファンタジー〉コレクション VI

河合隼雄

河合俊雄［編］

岩波書店

目　次

第一章　青春とは何か

「青春」という言葉に対して、現代に生きている人々はどのような連想をするだろうか。「青春」などというのは、もう死語になった、とさえ言う人もある。最近は、「青年期消滅説」とか「青年期平穏説」などというのを唱える心理学者も出てきたくらいだから、それに賛同する人にとっては、「青春」という語はあまり意味をもたないであろう。それでも、若い人の間で「青春する」などという表現を聞くことがあるが、このときは、かつての若者が言っていた「青春」とは、少し趣きを異にしているように感じられる。「青春の夢と遊び」などという題を見るだけで、シラける若者も多いのではなかろうか。

しかし、よく見てみると「青春」は消え去ってはいないようだ。「夢と遊び」も、もちろん健在である。ただそれらの様相は、この二、三十年で相当に変化したことは事実である。そのような時代による変化に対しても注目しつつ、「青春の夢と遊び」

について考察してみたいが、その前に、「青春」とは、いったい何なのかについて少し論じておきたい。

1 青年期

心理学には「青年心理学」という領域がある。乳幼時期、児童期に続いて青年期を経て成人になると考え、成人になるまでの時期の青年の心理について研究するというわけである。筆者もかつて青年心理学の講義を担当したことがある。そのときに学生に対して、「青年」というのは何歳から何歳までと考えるか、と各人に書いてもらって統計をとってみたことがある。詳しいことは記憶していないが、印象的だったことは——実はそのことを明らかにしたいための調査だったが——、学生が考える「青年期」と心理学のそれとが、明確にずれているという事実であった。心理学で考える青年期は学者によって異なるが、二十二歳までとか、遅くとも二十六歳までとしているのに対して、学生たちは三十歳くらいまで、なかには三十五歳までと考えるのである。

このような「ずれ」が生じるのは、心理学の方が「客観的」な指標によって、成人になるまでの時期を考えるので、どうしても年齢が低くなるのに対して、学生たちは自分の主観によって考えるので、「青年期」は長くなる、というわけである。このことは、端的に青年期の問題を反映している。つまり、身体的には成人に達していると思われるのに、本人自身の感じとしては成人になったと感じられない。あるいは、自分は大人ではあるが青年でもある、と思いたい一般的な心情も反映している。

このように「青年期」というのは明確に定めるのさえ困難な時期であり、考え方が異なると、その時期も異なってくる。これは、そもそも現代において「大人」とは何を意味するかが不明確になっていることとも関連することである。身体的、社会的、心理的それぞれの面で大人になることにずれが生じてくる上に、身体的にはともかく、ほんとうの意味で「大人」とは何かを定義するのが難しいのである。

明確には定められないが、ともかく人生の一時期としてわれわれが重視している青年期というものは、非近代社会においては、それほど重要でない、というよりは青年期などという特定の概念もなかったということを、われわれは認識しておく必要がある。子どもと大人という区分が明確にあり、子どもはある定められた時に、成人式という重要な通過儀礼を体験して「大人になる」。したがって、近代社会のように、子どもと大人の間に「青年期」という中間帯が存在しないのである。

人間が「進歩」ということを大切に考えはじめたところから、「青年期」という時期が重要性をもってきたのである。ひとつの社会が「できあがった」ものとして考えられるとき、それは既に完成されているので、それ以上に進歩することなど考えられない、とすると、その完成された社会に「加入」することが大切であり、それを「変革」することなど考えようがないわけである。そうなると、子どもは「大人」になってその社会に加入することになるまでは、子どもとして暮らしているといっていいわけで、別に反抗や苦悩などということが生じるはずがない。

しかし、人間が「進歩」を大切にするならば、社会も「進歩」するべきであり、そこでは、新しい社会のメンバーとなるべき大人の予備軍、つまり、青年には進歩の可能性をもつものとしての期待が生じてくる。しかし、一方では、まだ大人になっていない、「一人前」ではない人間に対する軽視も存在するわけで、ここに青年はジレンマのなかに投げ出されるのである。それは、大人を超える可能性をもった存在であると共に、大人にまだなっていない低い存在でもある。ここに青年期の特徴がある。

「青春」ということ

既に述べたように近代になって「青年期」というのが、急にクローズアップされてきた。そして、その時期を文学的に捉えると「青春」という言葉が浮かびあがってくる。われわれが学生時代に共感をもって読んだ、ヘルマン・ヘッセの『青春彷徨』などという題名が、当時の「青春」という言葉に対して人々が抱くイメージを反映している。青年は「春」を謳歌したり、そのなかに彷徨したりする、ということになっていた。それは苦悩に満ちたものであると共に、甘い感傷を伴うものでもあった。しかし、それは何と言っても「春」であった。芽が出て、花が咲き、すべてが生命力に溢れている。そのような春のイメージが青年を語るのに適していると考えられるのである。

こんなことを言うと、そんなのはもう古いと言われそうである。そもそも「青春」などという語は死語になっているのに。確かに、現代の青年は昔と随分と変っている。しかし、人間というのは時代によって相当に変化するが、ちょっとやそっとでは変らない、と言えるところもある。変るところと、変らぬところ。どちらに注目するかによって、その見えてくる姿も異なってくる。時代による変化については後に言及するとして、一般的な「青春像」ということを、まず考えてみよう。

青春を考える上で、夏目漱石の『三四郎』(岩波文庫、一九九〇年)を取りあげてみよう。何だか古いものをと言われそうだが、やはり名作というものは時代の変化に耐えるものをもっているので、敢て取りあげることにした。また、後で時代によってどう変化したかを現代の作品と比較するのにも好都合と思ったのである。

ただ、断っておかねばならないのは、これからいろいろな文学作品を取りあげるが、それは「文学」を論じるためではなく――そのような能力も持ち合わせていないし――ひとつの例として、実際にあったことのようにして取り扱って論じていることである。筆者は心理療法家として、多くの青年期の実例に接しているが、あまり詳細にわたってそれらについて述べることは許されていない。断片化された事実については触れるとしても、個人の秘密を守らねばならぬので、これは仕方のないことである。文学作品をこのような目的に使うのは文学作品の冒瀆であると叱られるかも知れないが、読者はそのあたりを寛恕され、筆者の意図を汲んで読んでいただきたい。

三四郎は熊本から東京にやってきて驚くことばかりである。「三四郎が東京で驚いたものは沢山ある。第一電車のちんちん鳴るので驚いた。それからそのちんちん鳴る間《あいだ》に、非常に多くの人間が乗ったり降《おり》たりするので驚いた。次に丸の内で驚いた。尤《もっと》も驚いたのは、何処まで行《いっ》ても東京がなくならないという事であった」という調子で、この文のある一頁に漱石は「驚」という字を十回も用いて、三四郎の気持をうまく表わしている。

青春に「驚き」はつきものである。もっとも現代のようにテレビの映像による情報が行きとどいてくると、三四郎のようには驚くわけにいかないだろうが、やはり、それ相応の驚きはあるはずである。自分の身体や内面における新しい発見に驚くこともあろう。何につけても反対したくなるのも青年期の特徴だから、「何も驚かない」ことを強調したがる青年もあろうが、それは単なる裏がえしで、本質的に同じである。ほんとうに驚かないと黙っているはずだが、「驚かない」と大きい声を出したり、繰り返したりするのは、驚きにとまどっていることを示している。

単なる驚きを超えて、自分という存在全体が動かされたように感じる体験として、異性との出合いがある。三四郎が池のほとりで美禰子にはじめて会うときの描写は実に素晴らしい。まさに青春そのものである。美禰子が通り過ぎた後も、三四郎はその後姿をじっと見つめていた。

「三四郎は茫然《ぼんやり》していた。やがて、小さな声で「矛盾だ」といった。大学の空気とあの女が矛盾なのだか、あの色彩とあの眼付が矛盾なのだか、あの女を見て、汽車の女を思い出したのが矛盾なのだか、それとも未来に対する自分の方針が二途《ふたみち》に矛盾しているのか、または非常に嬉《うれ》しいものに対して恐《おそれ》を抱《いだ》く所が矛盾しているのか、――この田舎出の青年には、凡《すべ》て解らなかった。ただ何だか矛盾であった。」

一人の未知の女性の姿を見たことが、一人の青年の心に内在する「矛盾」を一挙に露わにするのである。青春は矛盾に満ちている。かくして「三四郎の魂がふわつき出した。講義を聴《き》いていると、遠方に聞える。わるくすると肝要な事を書き落す」。三四郎は恋の苦悩を経験しはじめる。と同時に、その楽しさも味わうことになる。美禰子のことを想うとき、その傍にいるとき、三四郎の心はときめき、華やぎを感じる。

三四郎が知ったこの「燦《さん》として春の如く盪《うご》いている」世界は、「三四郎に取って最も深厚な世界である。この世界は鼻の先にある。ただ近づきがたい。近づきがたい点において、天外の稲妻と一般である。三四郎は遠くからこの世界を眺《なが》めて、不思議に思う」。青春は不思議に満ちている。いったい自分が何者で、何をするべきかもわからない。そんなときに、美禰子は「迷羊《ストレイシープ》」というキーワードを提示する。

他の羊が「管理下」におかれているとするならば、青春はその群から迷い出た迷羊《ストレイシープ》としてイメージするのが一番適当かも知れない。時には、管理に逆い、体制に抗して、群を離れたかのように感じるとしても、しょせんは自分の方向をしっかりと持っていないとなると、迷羊《ストレイシープ》と言われても仕方がないのではないか。『三四郎』の物語は、主人公がこの迷羊《ストレイシープ》という語を口のなかで二度繰り返すことで終っている。

『三四郎』を取りあげて、青春について述べたが、そこに語られているのはあまりにも淡い姿で、青春はもっと凄まじいものだ、と言う人もあろう。確かに、青年期には誰しも相当な破壊や失敗などを体験するもので、かつて青年期の標語として「疾風怒濤(シュトゥルム・ウント・ドラング)」などという言葉が用いられたこともあった。

このような青春像は、多くの文学のなかに描かれている。たとえば、宮本輝『二十歳の火影』(講談社文庫、一九八三年)は、小説ではなく著者の経験を随筆風に語ったものであるが、揺れる青春像が見事に捉えられている。高校時代、授業が終った後で誰もが遅れじと売店にかけこみ、ジャムパンやピーナツパンを争奪戦を演じつつ買い込んで、かぶりつく。「この安物の、人工着色、人工甘味料のかたまりのような代物が、またどういうわけかとびきりうまかったのをおぼえているが、つまりはそれが青春というものであったと言えるかも知れない」(傍点引用者)。

「つまりはそれが青春というものであった」というのは、なかなかいい表現で、誰しも青年期の失敗や馬鹿げた行為について喋った後で、この言葉をつけ加えると収りがつくと感じるだろう。宮本輝は、酔っぱらって屋根から落ちたり、消毒用アルコールを砂糖水で割って飲んで死にそうになったり、というような青春像を示してくれる。この青春像は一九六〇年代のもので、この姿には相当に古い青春像も重ね合わせて見ることができるのではなかろうか。

しかし、一九八〇年になると青年の姿は相当に変ってくる。「疾風怒濤」は完全に死語になったと言っていいだろう。かつては、「自殺」というと「青年」という連想がはたらくほどであったが、青年の自殺は減少し、むしろ、ピークは四十歳代の中年へと移行している。そして、アメリカでも日本でも「青年期平穏説」などというのが唱えられるようになった。青年期はスポーツその他、いろいろと楽しむことが多いし、あるいは、将来の成功を夢みてがっちりと勉学に励んでいるものもいるし、「苦悩」とか「破壊」などとは程遠い、というのである。

一九八一年に出版された田中康夫『なんとなく、クリスタル』(河出文庫)は、平穏な青年の姿をすいすいと描いている。この作品の終りの方に次のような文がある。

「淳一と私は、なにも悩みなんてなく暮らしている。

なんとなく気分のよいものを、買ったり、着たり、食べたりする。そして、なんとなく気分のよい音楽を聴いて、なんとなく気分のよいところへ散歩しに行ったり、遊びに行ったりする。

二人が一緒になると、なんとなく気分のいい、クリスタルな生き方ができそうだった。」

青年は「苦しむべし」「悩むべし」「反抗すべし」と思い込んでいる人たちは、この作品に強い反撥を感じた。「今どきの若い者は……」という嘆きにぴったり合う青年である。このような頭も心も空っぽな青年に日本の将来をまかせられるか、と思った人もあるだろう。そのような「大人」というよりは「オジン」ということになるのだろうが、に対する反論はこの作品のなかで、次のように述べられている。作中一人称で語られる「私」は女子大生である。その「私」と性関係をもった男子学生は、「私」が二人の生活感覚が似ているのは、「クリスタルなのよ、きっと生活が。なにも悩みなんて、ありゃしないし……」というのに対して、

「クリスタルか……。ねえ、今思ったんだけどさ、僕らって、青春とはなにか！　恋愛とはなにか！　なんて、哲学少年みたいに考えたことないじゃない？　本もあんまし読んでないし、バカみたいになって一つのことに熱中することもないと思わない？　でも、頭の中は空っぽでもないし、曇ってもいないよね。醒め切っているわけでないし、湿った感じじゃもちろんないし。それに、人の意見をそのまま鵜呑みにするほど、単純でもないしさ」と答えている。

「大人」が心配するほど「頭の中は空っぽでもないし」「単純でもない」のである。その点についてはそれほど心配しなくてもいいし、青年であれ、老人であれ、何であ

れ、「〜すべし」という画一的な規準で捉えようとするのは間違っていることは、事実のようである。

しかし、青年期平穏説についてどう考えればいいのだろう。これはほんとうに事実なのだろうか。事実であるとするならば、なぜこんなことが生じてきたのだろう。これについて本書のなかで何らかの答を述べられなかったら、本書は価値のないものとなるであろう。それにしても、「青春とは何か」などという題名を章のはじめにかかげておきながら、「青春とはなにか！」なんて考えたことがないとか「本もあんまし読んでないし」とか言う「青年」の本を引用することになったのも、現在の青年の問題を反映していることとして、実に面白いことである。ひょっとして、本書を読むのは四十歳以上の人ということになるかも知れない。

2　春の訪れ

青年期平穏説などという考えを紹介した。現在の青年のなかには以前に比べて「平穏」な生活をしている人もかなりいる。『なんとなく、クリスタル』にあるように、「なにも悩みなんてなく暮らしている」というのは、少し青年らしい無理があるようにも思うが、ともかく、かつての「青年と言えば悩み」というイメージが薄らぎつつあるのは事実である。しかしながら、ものごとはそれほど単純ではなく、非常に深い苦しみのなかに落ち込んでいる青年がいることも事実である。それは後にも示すように、かつての青年たちよりも、もっと深刻な状況にあるとさえ言える。

この節においては、「春の訪れ」を恐ろしいものとして受けとめた現代の青年たちの姿を取りあげてみたい。私は心理療法家としてそのような青年に会うことが多い。それは一般には「病的」と呼ばれる様相を示す。しかし、それは本質的には「なにも悩みなんてなく暮らしている」青年たちとそれほど変るものではない。健康と病、正常と異常と呼ばれる分類は実際にそれほど明確なものではない。その境界が破れるような経験をすることこそが「青春」であるとも言うことができるのだ。したがって、ここでは病的な状態の青年について語るにしろ、それはあくまで青年一般に通じることなのである。

対人恐怖

青年期に陥りやすい神経症状に対人恐怖症というのがある。と言ってもここ二、三十年の間に減少してきた感じはあるが、ともかく、話のはじまりとして適当と思うので取りあげることにした。

対人恐怖症の症状としてはいろいろとあるが、要するに他人に接するのに強い不安を感じるのである。赤面するのじゃないかと不安になったり、ものが言いにくくなったり、あるいは、自分は変な臭いがしているので嫌われるのじゃないか、と思ったりする。家族との間では不安を感じないし、時には、まったくの未知の人に対しては平気なのだが、知合いの人の間にはいってゆくのに困難を感じてしまう。自分と他人との対人距離をどのくらいに、どのようにとったらいいのかわからなくなるのである。重い状態になると、外出するのが怖くて、ずっと家に閉じこもりきりになったりする。

青年期になると、「自分」ということが相当に改変される。これが「私」です、と言うときの「私」がどんなものなのか、自分自身でも不明になってくる。それは日に日に変ってゆくと言っていいほど、捉えどころがない。自分が変化してゆくことは、すなわち、自分と接する人との関係も変化することを意味する。しかし、本人としては他人の方が急に変化したように感じられて、対応に苦しんだりする。つまり、今まで暖かかった人が急に冷たくなったように感じられたり、親しく感じていた人の存在をうとましく感じたりする。

もう随分と以前のことになるが、外界が急に怖く感じられるようになって寮から一歩も外に出られない、ということを訴えて女子学生が相談に来たことがある。期末試験が近づいてくるし、このままだと受験できず留年してしまう。そこで必死の努力で外出し相談に来たとのこと。しばらく前までは平気で登校していたのに、不思議で仕方がない、と話すのをよく聴いていると、実はしょっちゅう地震が起こる感じがして怖くてたまらない、今も歩いて来る途中の道が揺れはじめ、地割れがするのではないかと怖くてたまらなかった、と言う。彼女は自分のことを「地震恐怖症」だと呼んだ。「あっ地震だ」と思うが、気がつくと地面は何も揺れていない。しかし、それが日に何十回ともなく起こるのである。

山窩の言葉で地震のことを「ははゆれ」と言うらしいが、これは象徴的な表現である。母なる大地が揺れるのだ。母なる大地との一体感のなかで安定した状態にあったのに、その基盤が崩れてゆく不安を感じる。このような様相が、その女子学生の対人恐怖症なのであると思われた。

春のイメージ

地震恐怖症の女子学生の話は、私にギリシャ神話のなかのデーメーテールとペルセポネーの話を思い出させた。この二神は母と娘であり、ギリシャのエレウシースを中心に、各所で祭られている。娘のペルセポネーが野で花を摘んでいるときに、冥界の王ハーデースは四輪馬車に乗って突然に現われ、ペルセポネーを強奪して地下に帰った。娘が突然いなくなったので母親のデーメーテールは嘆き悲しみ、娘を探す旅に出た。デーメーテールは豊穣の女神であり、彼女が嘆き悲しんでいるので大地は枯れ果てて神々は困った。そこで、ゼウスはハーデースに、ペルセポネーを母親のところに返すように命じた。

ハーデースはゼウスの命に従ったが、ペルセポネーと別れるときに一計を案じ、彼女に柘榴を食べるようにすすめ、何も知らぬ彼女はそれを四粒食べる。ところが、冥界でものを食べた者はそこに留まらねばならぬという掟があった。ハーデースはペルセポネーが冥界に留まるべきだと主張するが、それでは大地が枯れて困る。そこで、ゼウスは妥協案を出し、四粒の柘榴を食べたペルセポネーは、一年のうち四カ月間は冥界に住み、残りの月八カ月は地上で母親と住んでよいと述べ、ハーデースもこれを了承した。

そこで、それ以後、一年のうち四カ月はデーメーテールのもとをペルセポネーが離れて地下に住むので、大地が枯れ冬がきて、その後に、ペルセポネーが大地に帰ってくるときには春が来て、後は大地が実るのだと考えられるようになった。したがって、ペルセポネーがこちらに帰ってくる春は、めでたいこととして祝い、春の祭典が行われることになった。この話は、「死と再生」のモチーフと関連している。農耕民族にとっては、死んだ穀類の草が春になると「再生」してくる、ということが不思議であり、また畏敬すべきことでもあった。生命の息吹きが恐ろしいまでに感じられるときである。

春のイメージは、したがって、なごやかさとか、うららか、とかの感じよりも、むしろ「おそれ」を感じさせ、凄まじさを感じさせるものであった。春の祭典は強烈な生命力を感じさせ、「死と再生」の歓びをあらわにするものでなければならない。現代人は、春のもつ、このような凄まじさを忘れているのではなかろうか。麦の芽が土をもちあげて出てくるとき、そこに再生してくる乙女、ペルセポネーの姿を重ね合わせてみることが難しくなっている。

現代の特に先進国において、表層的な現実として、春の凄まじさは失われているとは言え、人間の内界の方に注目するときは、太古以来の春のイメージは今なおはたらいていることを忘れてはならない。人生の春と言うべき、青年期において、すべての男女の内界において、ハーデースやペルセポネーのような「神々」が春の祭典を施行している、と考えるべきである。

「地震恐怖症」の女子学生にしても、突然に大地を割って出現してくるハーデースの姿を恐れているのだ、と考えるとよく了解することができる。彼女に対して、「青春」をもっと楽しむようにとか、せっかくの青年期をもっと享受してはどうか、などと忠告しても何の役にも立たないであろう。彼女が体験している「春」は、恐れの感情と強く結びつくものであり、楽しさなどはおよそ感じられないのである。彼女の体験の恐ろしさに共感し、その本質を明らかにすることによってこそ、つぎのステップが生まれてくる。このところを越えてこそ、彼女にも青春の楽しさが味わえるのである。

春の訪れは、このように恐怖と結びつくが、それを比較的早い年齢で強烈に味わうのは、女性の方に多い。男性はこれほどの強い恐怖の体験として、その訪れを体験することは少ない。おそらく、このことは身体的発達の相異と深く関連しているのであろう。男性の場合は、むしろ、青年期の中期になってから、自分の「春」をいかに生きるか、という苦悩に直面するのが多いように思われる。もちろん、これはあくまで一般論である。個々の場合によって異なるにしろ、春のイメージがもつ「おそれ」の感情を、われわれはよく認識しておく必要がある。

無気力

春の訪れは、必ずしも「恐怖」をもたらすとは限らない。凄まじい「春」に自分が乗っとられてしまって、暴走するタイプの青年もいる。暴走族になって走りまわっていたような少年に、後になって話を聞くと、暴走している最中は不思議なほど恐怖を感じない、と言う。ふり返って見ると、あんな恐ろしいことをよくやったと思うが、そのときは別に何とも感じなかった。しかし、今もう一度やってみろと言われても、怖くてとうてい出来ない、と言う。この場合、自分がハーデースに主体性を奪われてしまっているようなものである。春に伴う「おそれ」の感情は、彼を取りまく人々の方にまき散らされるわけである。後になって、人間的な感情を取り戻してくると、あんなことはもう出来ない、と感じる。

自分が恐怖を感じたり、あるいは、周囲の人々に感じさせたりしているときは、そこに「春の訪れ」があることが感じられる。しかし、この逆に恐怖どころか、すべての感情が感じられない、というような状態もある。青年期に出現してくる症状として「離人症」というのがある。この症状は、本人を恐ろしい感情体験から守るために、まるで厚いガラスのカプセルをかぶせているようなもので、本人としては、現実というものが生き生きと感じられない。

「外界が絵のように見える」という訴えをする人もある。あるいは自分が笑ったとしても「ほんとうに嬉しかったのか」どうかわからない、という人もある。離人症についてここに詳しく論じることはしないが、強調したい点は、もしそこに生じる感情体験をそのままで受けとめてしまうと、あまりにも危険な状態になるので、心にガラスのカプセルをして持ちこたえなければならないほど、凄まじい嵐が奥深いところに生じている、ということである。事実、離人症の症状がしばらく続いた後で、精神病になったり、自殺したりする人もある。抵抗のための力もつき果ててしまった、と考えられる。この青年がもし自分の離人感を誰にも訴えていなかったら、まったく不可解な自殺と思われることもある。

このような「症状」はないが、ともかく何もする気がしないという状態もある。何もしないでいることが「症状」だとも言えるわけだが、周囲の者にとっては不可解で、見ているだけでいらいらとさせられる。本人もともかく何もする気がしないだけで、どこかが痛いとか苦しいというわけではないので、何とも始末がわるい。本人自身も「怠け者だ」と自分を責めてみたりするが、どうしようもない。

このような「無気力」状態も、いろいろあって、学生であればアルバイトや遊びだと何とかできるが、大学に出て単位をとることはできない、というのもある。留年を繰り返すが、傍目には元気に見えるので、「勝手者」という烙印を押されることも多い。

このような青年に会ってみると、「春」とか「おそれ」とか名前のつけようのないことが、心の奥深くに生じているのだが、本人もそれを意識できない、ただその結果としての無気力ということだけがある、というように感じられる。たとえて言うならば、目に見えない縄で両足を縛られているので、誰にも何も見えないが、本人は動けない状態にいるようなものである。

あるいは、この点についてはおいおい語ってゆくが、心の奥深い層における内容に心を奪われはじめると、日常的なレベルにおいて重視されること、つまり、学業や就職や恋愛などが、まったく馬鹿くさく感じられて、そんなことに力をつくす気持になれない状態と言っていいだろう。ただ、この際に、本人が心を奪われている内容を、意識化することや言語化することが困難なので、「大学など行っても仕方がない」とか「就職などつまらない」などとは言えても、それじゃなぜつまらないのか、学業や就職以外に何か素晴らしいことがあるのか、ということは言えない。したがって、結局のところは、「勝手なことを言っている」とか「強がりを言っているだけ」ということになる。

このような青年に面接を続けることは、なかなか困難である。しかし、以上に述べたような点を理解して、本人が怠けているのでも勝手を言っているのでもないことを知って会っていると、長い期間を経て、本人の心の深層にある内容がイメージとして夢や絵画、箱庭などに表現されてくることがある。そのときは、治療者のわれわれも深い感動を味わうことがある。数年間も無気力の状態にあった人が、それを抜け切った後は、社会的にも何ら問題がないどころか、むしろ優秀な人として活躍するのを見るのは嬉しいことである。人生も最近は長くなったので、数年の遅れもあまり問題にならなくなるようである。

3 心の構造

これまでに述べてきたことについて、少し野暮なことになるが「深層心理学」的な観点から説明しておきたい。いったいいつになると「夢と遊び」について語るのか、と言われそうだが、「夢と遊び」について語るまでに相当な前置きが必要である——と言っても、そこに夢や遊びがでてくるが——と思う。人生における「夢と遊び」の重要性はいくら強調してもし足らぬほどに思うし、それらにかかわることが私の職業だと言っていいほどであるが、それもそれと対極をなす、仕事や外的現実がしっかりしていることを前提としてのことである。心理学の言葉で言えば、「自我」がある程度しっかりしていないと話にならない。そこで、どうしても長い前置きが必要になってきたわけである。

自我の形成

考えてみると不思議なことだが、人間は自分という存在を唯一無二の存在と確信して生きている。輪廻転生を信じる人はかつて「自分」が過去に存在したし、死後にもまた存在し得ると考えるが、それにしても、自分と同じ存在がもう一人いるとは考えないものだ。そのような唯一無二の存在としての自分が、心の内外の状況をよく把握し、その上で自分の行為を主体的に決定し、その責任をとる。そして、そのような自分が一貫性のあるまとまりをもった存在として自分にも他人にも意識されることが、現代に生きていく上では必要である。そのような主体を自我と呼んでいる。

人間である限り「自我」をもっているが、その在り様は文化により、年齢によりさまざまである。しかし、その個人が「成人」として認められるためには、その人の属する社会がその社会の成員として認める役割を果すだけの「自我」を形成していることが必要である。実は先に自我の仕事として「自分の行為を主体的に決定し」などと書いたが、このこともほんとうは問題である。たとえば往時の武士として「成人」になることは、主君の命令に絶対服従して生命を棄てることさえ厭わない「自我」を形成することが必要であった。その際も、主君の命に服することを「主体的に決定した」と言えるわけであるが、現代人なら異なる決定をするだろう。

たとい主君であろうと他人の意志に従わず、自分の意志で決定し、自分のやりたいことがらに参画してゆくこと、すなわち、コミットメントということは、現代では高い評価を得ている。必要と判断したことにコミットしてゆく力を自我はもつべきだと考えられている。しかし、西洋においても近代以前においては、「犯罪を犯す」(commit a crime)、「自殺する」(commit suicide)のように、コミットという用語は否定的にしか用いられなかった。それは、すべてを神の意志におまかせすることこそ、人間の本来の生き方であり、人間が敢てコミットするのは、いいことがあるはずがない、という考え方によっているからである。

西洋近代において強調されるようになった「自我の確立」ということは、したがって世界の精神史のなかでも稀有なことである。そのようにして形成された「強い自我」が、世界を席捲した、と言っていいだろう。世界中が西洋文明の支配を受けるようになった。したがって、日本においても「自我の確立」ということは、非常に大切なことになった。日本の明治・大正の文学において「自我の確立」は大切なテーマとなった。主体的な自我を確立するためには、日本における家族のしがらみを断つことが必要と感じられるので、多くの文学青年が家出をし、日本文学は「家出人の文学」と言いたいくらいの様相を呈するほどになった。

しかし、人間というものはそれほど急激に変るものではない。実際は、日本人が西洋の近代人と同じような自我を形成することはほとんど不可能である。たとえば、家出をした文学者たちも「文壇」という一種の「家」をつくり、そのなかのしがらみに生きるようになる。何らかのつながりがないと日本人の自我は不安に陥ってしまうのだ。日本人の自我がいかに西洋人のそれと異なるかについては再々他に論じてきたので、ここに繰り返すことはしないが、日本人としてはそのことをよく自覚しておくべきだ、と思われる。

一言にして言えば、西洋近代の自我は、自分を相当に他から切断された存在として自覚しているのに対し、日本人の自我は常に他とのつながりを意識している、と言えるだろう。このような両者の自我の相異に無自覚なときは、その間に誤解が生じ互いに他を非難し合うようになる。私自身としては、どちらが「よい」などとは言えないと思っているが、ここまで西洋文明の成果を取り入れて生きている限り、西洋的な自我の在り方も、それに見合う程度に取り入れるべきではないか、と思っている。さもなければ、この国際化の時代に生きてゆくのは難しいと思われる。

現代青年の自我

スイスに留学してユング派分析家の資格を取り、私は一九六五年に日本に帰国した。それ以来、実に多くの日本の青年につき合ってきた。大学の教官として学生に接するのみならず、心理療法家になるために指導を受けに来る青年たち、および、何らかの悩みや症状などをもって相談に来る青年たちにも接してきた。長年にわたってそのような経験を重ねてきたが、日本の青年の自我の弱さには、辟易することが多かった。特に心理療法家になろうとする人たちには、「そんなに自我が弱くては、とうていこの仕事はできないので、やめた方がいい」と言いたくなることが、しばしばであった。しかし、それがあまりにも一般的なので、非難するより前に、これはよほど考えねばならぬことだ、と思い直すようになった。

現代の日本の青年の自我の弱さに対して、つぎのようなことを考えた。まず、既に述べたように日本の伝統的な自我の在り方と、西洋近代のそれとは異なっているが、日本人の考え方が変化してきているために、いったいどのような「成人」をつくるべきかが、極めてあいまいになっており、日本の社会全体が「成人」をつくり出すシステムを明確な形で持っていない、という点が考えられる。つぎは、現代日本の青年のみならず、先進国全体に共通することとも思われるが、青年期にこれまでとは異なる深い層の無意識的内容と直面させられることが多く、そのために強い自我をつくり難くなったのではないか、ということである。第三には、先の二つに関係することであるが、何らかのイデオロギーによって自我に武装をほどこすことが、極めて困難になった、ということである。

このようなことを考えてくると、現代青年の自我の弱さはそれほど非難すべきことではなく、われわれの青年期とははるかに異なる課題を背負っていることがわかってきて、それほど簡単に「自我が弱いので心理療法家にはなれない」などとは言えなくなった。もちろん、これは自我が弱い方がいいなどと言っているのではない。それは強化されるべきだが、それが相当に困難なことをよく認識するべきだし、それ相応の期間も必要である、と考えるようになった。

三田誠広『僕って何』(河出文庫、一九八〇年)は、現代青年の自我の弱さぶりをうまく記述している。主人公の大学生は大学に入学した途端に、当時の烈しい学生運動に巻きこまれ、はっきりとした意見も判断もないままに、幼い正義感に動かされて行動する。もみくちゃにされた主人公が落ち着くところには、母親が現われて、何とか安定するが、まさに「僕って何」という問いかけのままで話は終る。

このような作品を読んで、「近頃の青年はなっていない」と非難する「大人」は沢山いる。「われわれの青年時代は、もっと判断力があり、自主的であった」などと、そのような人は嘆く。しかし、そのような立派な大人が形成している社会こそが、このような青年を生み出したことに対してまったく考えてみない。立派な大人たちも、この青年にならって、「僕って何」と考えてみる必要がある。実際に昔の青年たちは、この主人公に対して威張れるほどの自主性をもっていたのだろうか。

最近は、子どもの大学受験に母親がつき添ってきたり、就職のときでさえ母親が来るなどというので、いかに現代の青年が母親から自立できていないかと非難されることが多い。そうすると昔はどうだったのか。

今昔の比較を明確にするためには、一昔前の青年について考えてみる方がいいであろう。青年はある一定の年齢に達すると若衆宿に入れられる。つまり、社会の力によって、母親から離されるが、若者集団という感情的一体感によって支えられ、母性集団の守りによって生きることになる。母―息子関係をあくまで大切にするが、それは実母と息子の関係から、母性集団とその一員という形に変化する。青年は母親からは分離されるが、母性との結びつきは切れることがない。このような仕掛けをうまく重ねて、青年は母親から分離した「大人」になるが、その所属する集団との一体感を最も大切とする人間に仕立てられてゆく。その集団内において彼は自主的であるが、その集団の一体感を破るような独自性を発揮することはない。

若衆宿を介して青年を「大人」にする仕掛けは日本では近代になってもずっと続けられ、一時は軍隊や、あるいは同窓生、同級生の集団、大学内のクラブなどが若衆宿的機能を果してきた。したがって、ある範囲内に限定すれば、昔の若者の方が「自主的」であり「母から分離」しているかの如く見えるが、少し広い目で見ると基本的パターンは変化していない。むしろ、現代は、西洋近代の人間関係を日本人はある程度心に描きながら、核家族のなかで子どもを育てるのだが、日本人の伝統的システムはうまく機能せず、さりとて西洋式の子育て法はまったく身についていないという状況になる。青年の自我が弱いのは当然である。それは日本流でも西洋流でもどちらにしろ、自我を強化するシステムや訓練を経ないままで青年期を迎えているのだ。

「世間知らず」の青年が大学に入学してきたときの当惑ぶりは、『三四郎』にも『僕って何』にも描かれている。しかし、三四郎の前に現われてくる与次郎と、僕の前に現われる学生運動家とでは、その程度にはっきりとした差がある。与次郎も三四郎を驚かすことをつぎつぎとし、また日本的母性とのつながりのなかで生きているが、当時の学生運動家は何とかして日本的なものを壊そうとする衝迫に動かされていた。もっとも、そのあたりの自覚がなさすぎたので運動はあまり成果をあげなかったし、この小説の主人公のように「お母ちゃん」の救いのなかに帰ることになってしまうのだ。

心の層構造

自我の形成過程について、社会のシステムとの関連で少し考察したが、ここは個人の心の内的な経験として考えてみよう。人間は生まれたときは「自我」の意識などもっていないが、外界との関連のなかで、だんだんと外界と異なるひとつの存在である自分を意識しはじめる。このあたりの経過も興味深いが、省略してしまって、子どもから大人になる過程を考えてみよう。非近代社会であれば、イニシエーションの儀式という社会全体の巧妙な仕組みによって、子どもは大人に一挙にしてなるのだが、近代社会においてはそうはゆかず、「青年期」という期間を経過しつつ、だんだんと大人になる。その期間をどう越えてゆくかが大変なのである。

子どもは子どもなりに「自我」を形成している。しかし、それはまだまだ大人に依存している。それが大人の自我になるためには、他との依存を相当に打ち破り、自主的な判断力をもった人間として、どのように他と関係するかを考えることのできる自我につくり変えねばならない。それと同時に、身体的に異性と関係をもち、種の保存という役割を果してゆくための性衝動を「自我」のなかにどう位置づけるか、ということも仕遂げねばならない。

これは人生のなかの大事業のひとつで危険に満ちた仕事である。非近代社会においては、イニシエーションの儀式によって「一挙に」行われるなどと述べたが、それをよく調べると、すべての儀式が文字どおり命がけのものであることがわかるだろう。そして、それはその部族の信じる絶対者の守り、その部族の社会的秩序などの守りのなかで行われる。

近代社会においては、子どもが大人になる危険な過程を守るものの第一は、その家族である。その家族が特定の宗教を信じているときは、それも重要な守りとなるだろう。家族の背後に存在する社会の構造も、もちろん守りになっている。そこで子どもから大人への自我の組替えの過程において、その個人の全体が変化する。その全体とは身体的にも心理的にも変化するが、深層心理学の言葉を用いると、無意識の領域も強く活性化されてゆく。そのはたらきがいろいろな形で意識に作用を及ぼし、それが「病的」な様相を呈するとどのようになるかは、前節に少し紹介したとおりである。

ユングが人生の前半と後半を区別して自己実現の過程を考えたことは既に他にしばしば論じてきた。彼は無意識を個人的無意識と普遍的無意識に分けることを提唱したが、名前を何と名づけるかはともかく、心の深層をこのように二つの層に分けて考えることは、実状に合っていると私は思っている。自我と無意識との関連として、人間の行動を考えるとき、このように二層に分けておくと了解がつきやすい。

ユングのこの考えに従って述べると、往時の青年は、もっぱら自我と個人的無意識との関連において自我の変化を意識することが多く、より深層の普遍的無意識に関する仕事は中年以後の過程に残されていた。したがって、ユングは自己実現の仕事は人生の後半になされる、と考えたのである。しかし、現代においては、そのような区別はあまり明確ではない。一般的傾向としては、ユングの言ったとおりであると言えるが、現代の青年は、はるかに多く普遍的無意識の内容と直面している、と考えられる。

おそらく、これは近代人が宗教による組織的な守りを失ったことや、かつては、家族や社会が単純な価値観による比較的わかりやすい構造によって青年たちを守ってきたが、現代になって、価値観の多様化とともにその力を失っていったことなどが原因と考えられる。人間はあくまで「自由」を求めて行動してきたので、これまで「守り」として記述してきたことはすべて「束縛」と言いかえることもできるわけだから、自由のために束縛を断ち切った分だけ、守りの弱さの問題を背負い込むことになった、と言っていいだろう。

このような社会全体の変化をいいとか悪いとか言ってもはじまらないし、「昔はよかった」と言っても慰めにはなるが解決にはならない。自由を求めて努力するかぎり個人の責任が増大するのは当然のことである。したがって以上のような点を踏まえて、青年の問題を考えていくより仕方がない。青年たちとしても、このような状況のなかであるから、昔のモデルがある程度通用している人はいいが、そうでない場合は、青年期からユングが自己実現と呼んだような深い層の無意識的内容と取り組みつつ自我を形成する、という両面作戦のようなことを仕遂げてゆくか、あるいは内的な仕事は中年期に延ばして、ともかく、外的に大人として行動し得る知識や技術を身につけ、社会のなかで「一人前」に生きてゆくことをしばらく続けるか、ということになるであろう。

このような状況のなかで、現代の青年たちは何らかのイデオロギーを武器として自分を守ることも難しくなっているのだから、自我が弱いのも当然のことと言える。それはあくまで相対的なもので、昔の青年と比べて弱くなったのではなく、自我にかかる負担が増大し、自我をどのようにつくりあげるか定かでない状況のなかにあるのだから、弱く見えるとも言える。このようなことがわかってくると、大人たちも、青年たちの課題はすなわち自分たちの課題にも通じてくるわけで、そのことを認識せずに、「最近の若者は」と嘆いてみてもはじまらない。むしろ、「大人」としての自分自身の自我の在り方を検討すべきであるし、現代の青年たちとかかわることに意義のあることがわかってくる。

4　現代の青春像

「青春」などという語は現代では死語になったと言う人もある。確かに、昔にあった「青春」は、今はないかも知れない。しかし、これまでに述べてきたことを考慮すると、現代の青春像というのが見えてくる。それは、昔と異なる姿をとりながら、やはり「青春」というものの息吹きを伝えてくれるものである。現代の青春像を描いたものとして、吉本ばなな『TUGUMI』(中公文庫、一九九二年)を取りあげてみることにしよう。

TUGUMI

小説の登場人物の名前は、読者の連想をいろいろとかきたてるので、重要なものである。主人公の名「つぐみ」は「継美」とでも書かれていると、あるいはそれほど珍しくないかも知れないが、「TUGUMI」は鳥のツグミを連想させるし、ともかく普通ではない。その書き出しも、「確かにつぐみは、いやな女の子だった」とズバリと書かれている。彼女は「意地悪で粗野で口が悪く、わがままで甘ったれでずる賢い。人のいちばんいやがることを絶妙のタイミングと的確な描写でずけずけ言う時の勝ち誇った様は、まるで悪魔のようだった」というわけで、これまでの「青春文学」にはあまり登場したことのない女性が登場する。と言っても、つぐみは二十歳くらいだが多分に少女性を引きずっているので、「女性」というより「少女」と呼びたいところがある。

このつぐみの一歳上の大学生、白河まりあがつぐみと共に経験した夏の思い出について述べる、という形式で作品が成立している。つぐみには、彼女と対照的にまったく気立てのいい二歳上の姉、陽子がいる。陽子、つぐみ、まりあの三人の女性をめぐって、夏休みの事件が生じるわけである。

つぐみが前述したような性格になったわけも書かれている。つぐみは生まれたときから弱くて「医者は短命宣言をしたし、家族も覚悟した」。そこで家族中が彼女を甘やかしたのだ。つぐみの無茶苦茶ぶりが描写されているが、それは省略するとして、家族がつぐみの行状を悲しんでいると、彼女は「おまえら、あたしが今夜ぽっくりいっちまってみろ、あと味が悪いぞー。泣くな」とせせら笑うのだ。彼女の男言葉は効果的である。

このようなつぐみに対して、若い──特に女性の──読者は限りない魅力を感じるのではなかろうか。もちろん、魅力を感じるためには全篇を読みとおさないと駄目だし、それを紹介する余裕もないが、このようなつぐみの魅力の秘密について、作者はつぎのように述べている。つぐみの恋人の恭一は、つぐみについて、「俺ね、あの子のことを考えていると、いつの間にか巨大なことを考えてしまっている時があるのだ」と言う。「考えがいつの間にか、とてつもなく大きいことにつながっている。人生とか死とか。別に、あの子が体が弱いからではないんだ。あの目を見ていると、あの生き方を見ていると、何とはなしに厳粛な気分になっているんだ」。

「つぐみはただそこにいるだけで、何か大きなものとつながっているのだ」と作者は述べている。既に述べてきたことであるが、つぐみは昔の青年たちと違って、心の極めて奥深い層とつながっているのだ。そこにつながりをもちはじめると、普通の人間が騒ぎたてるような、財産や地位や名誉などが一挙に価値を失ってしまう。現代の青年の背負っている課題がいかに重く深いか――あまりに大変なので完全拒否をしている者もいるが――について述べたことが、そのままつぐみに当てはまる。つぐみが破壊的な言動に走るのもよくわかる。表層に構築されたものを、ともかく破壊することによって、深層の存在を訴えたいのである。

感傷

つぐみの姿に魅力を感じる人は、彼女のアンチ・センチメンタルな態度に快哉を叫ぶのではなかろうか。「黒く長い髪、透明に白い肌、ひとえの大きな、大きな瞳《め》にはびっしりと長いまつ毛がはえていて、伏し目にすると淡い影を落とす。血管の浮くような細い腕や足はすらりと長く、全身がきゅっと小さく、彼女はまるで神様が美しくこしらえた人形のような端整な外見をしていた」。そのような彼女がつぎのような言葉を発するのだから、なかなかインパクトがあり、センチメンタリストをなぎ倒してしまう。

つぐみはポチという犬が好きだが、それについて、たとえば飢饉が来て食べものがほんとうに無くなったとき、「あたしは平気でポチを殺して食えるような奴になりたい。もちろん、あとでそっと泣いたり、みんなのためにありがとう、ごめんねと墓を作ってやったり、骨のひとかけらをペンダントにしてずっと持ってたり、そんな半端な奴のことじゃなくて、できることなら後悔も、良心の呵責《かしゃく》もなく、本当に平然として「ポチはうまかった」と言って笑えるような奴になりたい。ま、それ、あくまでたとえだけどな」と言う。これは典型的なアンチ・センチメンタリストの言葉である。

第二次世界大戦前までに、ドイツの学生たちが歌った学生歌や、それの影響もあったろうが、わが国の旧制の高校生の歌った寮歌は、センチメンタルなものが多い。青春というと、センチメンタルな感情が動くのだが、現代の青年たちは、むしろ、それに反撥を感じる方が多いのではなかろうか。特に女性はつぐみの言葉には、「やったあ」と言いたくなるような気持を味わう人が多いことだろう。どうしてこうなったのだろう。

センチメンタリズムについて、大江健三郎は『人生の親戚』(新潮社、一九八九年)のなかで、登場人物の一人にアメリカのカトリック教徒である女流作家フラナリー・オコナーの言葉を用いながら、つぎのように語らせている。「無垢《イノセンス》は強調されすぎると、その反対の極のものになる、とオコナーはいってるわ。もともと、私たちは無垢《イノセンス》を失っているのに。キリストの罪の贖いをつうじて、一挙にじゃなく、ゆるゆると時間をかけて、私たちは無垢に戻るのだとも、彼女はいってるわ。現実での過程をとばして、安易にニセの無垢に戻ることがつまりsentimentalityだというわけね」。

　この言葉をもう少し一般化していうと、理想を実現するためには「一挙にじゃなく、ゆるゆると時間をかけて」歩まねばならないのに、「現実での過程をとばして、安易にニセの」理想実現を夢みるとき、それをセンチメンタルということができるだろう。それは現実的努力を伴わないものなので、過剰な感情が生じることになる。そのような感情を何とか謳いあげることによって、「青春を謳歌」することが、かつては行われた。

　しかし、現代の青年たちは現実に関する情報を豊富にもっているので、なまじっかの理想が実現しないことをよく知っている。それに対して昔の青年は何となく理想が実現されそうに思って、それぞれが「夢」をもっていた、と言っても簡単に実現されるはずもないので、センチメンタリズムに襲われることになる。そこで、現代の青年としては、自分はそれほど甘くないことを示すためにも、あるいは、上から期待される青春像を否定するためにも、アンチ・センチメンタリズムにならざるを得ず、つぐみのように「平気でポチを殺して食えるような奴になりたい」(傍点引用者)という理想像をかかげることになる。

その理想像はかつての青年とは異なるが、そのようなことを言ってみたくなるのが青春である。醒めた大人は、食べるものがある間はポチを食べることなど考えてもみないし、飢饉が来て必要なら、仕方なくポチを食べるだけである。非現実的なことを考える余裕をもっていない。クリスタルのお兄さんの言う「悩みなどない」という科白も似たような性格をもっている。かつての青年のような頭をかきむしったり、青白い顔をして考え込むような「悩み」などない、と現代の青年は言いたいのだ。これも、一種のアンチ・センチメンタリズムの表現であると言える。このことは実際に、現代の青年に「悩み」がないことを意味していない。それはあまりに深すぎて、本人が意識的に他にわかるように表現できるようなものではない、と考える方が適切であると思われる。

死

つぐみの魅力は彼女が心の深層とのつながりをもっていることだ、と述べた。そのことは、彼女の生が死と極めて近接したものとして意識されていることを意味している。人間の生は死によって裏打ちされているが、普通に人間が生きているときは、それをあまり意識しない。しかし、死と向き合って生きていると、普通の人たちには見えない真実が見えるものだ。つぐみが人をギョッとさせるようなことをよく言うのもそのためである。無茶なことやひどいことを言っているようだが、それは何らかの真実味をもっている。

つぐみは病弱のため、小さいときから死と向き合って生きてきた。青年期には誰も死をおもうものである。青年期における急激な変化は「死と再生」として意識されることが多いので、何らかの意味で、死を身近に感じさせられるのが青年期である。しかし、一方で青年期は生の力強さに満ちている。したがって死をおもうとしても、それほど深くかかわることはない。もちろん、青年期より死に深くかかわる人は昔にもあったが、何らかの既成の宗教がそれに対する守りの役をしてくれることが多かった。これらの点から考えると、つぐみのおかれている状況の重さがよくわかる。

つぐみは視点を深くにもっているので、人の見えない真実が見える。それをゆっくりと時間をかけて他人にわからせようとはしない。一挙にやってしまいたい、というところにつぐみの若さがよく出ている。センチメンタルな感情を拒否し、真実を一挙に伝える方法として、彼女は男言葉を使う。これは効果的であるが、やはり、アンチ・センチメンタル語として青春の特徴をよく示している。こんなところに、既に述べたような「自我の弱さ」がよく出ている。つぐみ自身が弱いというより、彼女の見ている真実の重さとの相対的比較で、彼女の自我は「ゆるゆると時間をかけて」「現実の過程」を踏む強さをもたない、というわけである。

つぐみの恋人の恭一が大切にしている犬の権五郎が、よた者の高校生に殺されたらしいとわかったとき、つぐみは烈しい怒りにかられる。彼女は死ぬほどの体力の消耗と引きかえに、落し穴を掘り、例の高校生を生き埋めにする。姉の陽子が危ういところでそれに気づき、何とかして高校生を助け出したので、つぐみは殺人を犯さずにすんだが、体力の衰弱のため入院し、死のおそれも生じる。

「つぐみは、自分の命を投げ出したのだ」と陽子は思った。「つぐみは、人を殺そうとした。自分の体力の限界をとっくに超えた作業の果てに、相手の死なんて自分の大切な犬の死より軽いと信じ切って」。とすると、これは彼女が先に言った「平気でポチを殺して食えるような奴になりたい」ということとはどう関連するのだろう。ここには何の矛盾もない。前者のような行為を支えている自分の気持をアンチ・センチメンタルに表現したのが後者の表現なのである。彼女は理想を一挙に実現し、相手も死に、そして自分も衰弱のために病で死ぬことを覚悟したのではなかろうか。

理想のために死を決意するところや、一挙に強引に理想を実現しようとするところは、つぐみも昔の青年も変らない。ただ昔の青年が天下国家のためにしようとしたことを、つぐみは一匹の犬のためにしようとした。既に述べたように深い世界に住むつぐみの見ている「現実」では、犬も国家も大して差をもたないのであり、昔の青年は天下も国家も現実が見えないので、いろいろな理想をもつことができた、という点で両者の間に相当な差が生じている。

つぐみは死の予感をもって、まりあに手紙を書き、それがこの作品をしめくくるが、実はつぐみは命をとりとめたことを読者は知らされている。つまり、つぐみは内的な死と再生を体験したと言っていいだろう。しかし、もし、あのお人よしの姉の陽子がいなかったら、つぐみはほんとうに死んでしまっていたか、生きながらえるとしても殺人の重荷を背負って生きてゆかねばならないだろう。つぐみは陽子の存在によって生かされている。

このように見てくると、筆者が既に述べてきたような十分な「自我の強さ」というのは、つぐみと陽子を合体することによってできると考えるとよくわかるだろう。それは、人間が生きてゆく上で必要なことなのだが、青年にすぐにそれを期待するのが無理なのは、よく了解されるだろう。筆者が一時は、現代の青年の自我の弱さにげんなりとさせられながら、その後は思い直してつき合っているのは、このような認識の上に立ってのことである。

第二章　青春の現実

現代の青年はどのような現実のなかで生きているのか。十年前、二十年前、三十年前というふうに考えてみると、青年をとりまく現実が相当急速に変化してきていることがわかる。しかし、それを順番に数えたてて、たとえば受験がどうだ就職状況がどうだとか、学生の生活水準がどう変化したなどと論じることはやめておこう。そのようなことはその道の専門家にまかせるとして、もう少し本質的な意味での青年にとっての「現実」ということを考えてみたい。というよりは、そもそも「現実とは何か」について、現代人としてどう考えるかを論じることが必要と思われる。そのような現代の現実のなかに、青年が生きているからである。

1　現実の多層性

既に、心の構造として層構造を考えることを示唆したが、現実の方も多層性をもつと考える方がよさそうである。仏教が説くように「心」があって現実があると考えるのか、「心」の外に現実が存在しているのが先か、などという二者択一的な判断を下さないことにしよう。心も現実も共に並行的に多層構造をなしていると考える方が建設的と思われる。あるいは、それら全体が「現実」であり、話をする便宜上、(外的)現実と心(内的現実)と区別しているのだ、と考える方が妥当なようにも思う。

相談室でお会いする青年は、自分の親がどんなに駄目な人かを強調する人が多い。父親が頑固で権威的で仕方がないと嘆く。あんな冷酷な人間はいないなどと言われるときもある。その後で、その父親に会うと、ごくごく普通のサラリーマンだ、ということもある。そんなときに、子どもが勝手に思い込みをしているとか、あるいは、父親は内弁慶タイプではないかとか、われわれは速断しない。そんなときは、私が見ているその人と、子どもが見ている父親との「現実の層」が異なるのではないか、と思っている。このあたりのことは慎重でなければならないので、ゆっくりと時間をかけて考えてゆくが、ともかく「唯一の正しい」現実があるとは思わない。それでは現実にもいろいろあるとするならば、いったい現実とは何か、ということになるだろう。この点をもう少し追究してみよう。

現実とは何か

現実というと、それに「理想」が対比され、青年は理想を追い求めるが現実にぶつかり、現実の冷厳さを認識することによって大人になる、というのが従来からのおきまりの考えであったが、現在においては、このような考え方はあまり通用しない。理想というのは現実との対比の上で「夢」と表現されることもある。そんな点で、「最近の青年には夢がない」という批判をする人もある。また、現代の青年にすれば、「理想なんぞ糞食らえ」と言いたいことだろう。

われわれが通常の意識によって捉えている「現実」がある。しかし、癌の宣告を受けた人が死と向き合って外界を見ると、それが限りなく輝かしく見える、という体験がよく報告されている。これまでどうしてこれほどの美しさに気づかなかったかと思う。外的な事物でさえそうなのだから、対人関係においては、もっと多くの変化がある。既に述べたように、他人には「普通」の人に見えるのに、子どもから見ると

とある。

「鬼」のように見えたりする。ある人に対する見方が人によって真向から対立することもある。

このような外界に対して、近代科学の方法論は、人間が観察するべき現象から自らを切り離し、その現象における因果関係を見出して法則を明らかにする、ということであった。このように普遍的な因果関係がわかると、現象を操作できるので、人間は急激に便利な生活を享受できるようになった。このような法則の体系には矛盾が含まれていると困るので、現実を単層でうまく体系化されたモデルへと置きかえることに熱心になった。

人間生活が便利になったのはいいが、このような現実認識の方法があまりにも効果的であるので、自然科学の提示する単層的モデルが現実そのものであると思い込む人が多くなったのは、困ったことである。現実そのものは多層的にできている、と私は思っている。現実の多層性など承服できない、と言う人でも、自然科学の提示するモデルは、現実操作の点でもっとも有効ではあるにしても、それが現実そのものでないことは認められるだろう。

かつて「理想」という場合、いろいろなことが考えられたものだが、近代になると、前述したような単層的モデルを「理想的」に操作することによって、理想が具現化される、という途方もない「理想」をもつ人が多くなったのではなかろうか。多くの青年がこのような類の「理想」に燃え、挫折を体験した。それも当然と言えば当然であろう。挫折の体験があまりに深すぎたので、現在の多くの青年は理想など持っていない。持つものか！　ということになる。

しかし、このあたりでわれわれは理想が大切だとか、青年に夢がないなどと嘆く以前に、現実とは何かを考え直す必要があると思われる。現実と夢、現実と理想などを明確に二分して考える考え方からも自由になった方がいいと思う。

単層の現実の延長上に理想を置く考え方はわかりやすい。しかし、現代の青年は現実の多層性の方に直面している。日常の意識による現実認識と異なる様相を、現実が示してくるとき、それに対応するのは非常に難しい。その上、一方では現実を操作することによって何でもかでも出来そうに思うので、自分の思いどおりに現実が動くものという思い込みもある。ところが、結果的にはどうしようもない、というので極端な無力感に襲われることになってくる。何をしても無駄に思える。表層の現実のなかで、何を得た何を失ったと一喜一憂している人間が、ピエロのように見えてくるのだ。と言いながら、自分が何をしたいのかもわからない。これを抜け出るためには、自分の見ている現実をあらためて直視することからはじめるより仕方がない。

二匹の羊

現代の青年が経験する「現実」が過去のそれとどれほど層が異なるのか。それを端的に示すものとして「羊」を取りあげることにした。羊は昔も今も変っていない、と言えばそのとおりである。しかし、明治時代の青年と現代の青年とに対しては、それは相当に異なる姿として現れる。村上春樹『羊をめぐる冒険』(講談社文庫、一九八五年)を読みながら、私がすぐに想起したのは、もう一匹の羊、明治時代の青年三四郎が会った「迷羊《ストレイシープ》」のことであった。どちらの羊も謎に満ちていた。しかし、その属する層がまったく異なっている。

羊については『羊をめぐる冒険』のなかに興味深い説明がある。羊は日本にいなくて安政年間に少し輸入されたらしいが、本格的に輸入されたのは明治になってからである。したがって、羊は十二支のなかにもはいっているが、日本人にとってはどんな動物かわからず、「竜や貘と同じ程度にイマジナティブな動物だった」「羊は国家レベルで米国から日本に輸入され、育成され、そして見捨てられた」つまり「まあ、いわば、日本の近代そのものだよ」ということになって、なかなか象徴性の高い動物である。

ところで、明治の大学生三四郎にとっては、東京は驚きの連続を強いるような場所であった。外国から輸入した「近代」に会って、彼は目をまるくしていた。その焦点に現われたのが、一人の女性美禰子であった。三四郎には「三つの世界」ができた。一つは彼の出てきた田舎で「与次郎のいわゆる明治十五年以前の香《か》がする」世界である。第二は広田先生や野々宮さんのいる学問の世界である。「第三の世界は燦《さん》として春の如く盪《うご》いている。電燈がある。銀匙《ぎんさじ》がある。歓声がある。笑語《しょうご》がある。泡立《あわだ》つ三鞭《シャンパン》の盃《さかずき》がある。そうして凡ての上の冠《かんむり》としての美しい女性《にょしょう》がある。(中略)この世界は三四郎に取って最も深厚な世界である。この世界は鼻の先にある。ただ近づきがたい。近づきがたい点において、天外の稲妻と一般である」。

漱石特有の文で綴られた三四郎にとって「最も深厚な世界」にいた羊、それは迷羊《ストレイシープ》であった。三四郎は迷羊《ストレイシープ》に心を奪われ、大学の講義もロクに聴けなくなったりする。一生懸命に追い求めたあげく、結局のところそれは三四郎の眼前から姿を消してしまうところで話は終る。三四郎にとってその羊はまったく謎のままであった。現実は謎に満ちている。

明治の青年三四郎にとって現実のもつ謎を代表するものとして、一人の女性があった。彼がその女性に触れたのは一度だけだ。ぬかるみを渡るとき、手助けしようと三四郎が手を出したのを拒否して自力で跳んだとき、はずみで美禰子の両手が三四郎の両腕に落ちた。それ以上に、彼は美禰子の体に触れたことのないままに別れることになる。

『羊をめぐる冒険』に出てくる主人公の「僕」が出合った羊は、三四郎の場合とまったく次元を異にしている。それは「羊男」であり、そもそも人間か羊か、この世のものかあの世のものかでさえ定かでなかった。美禰子も三四郎にとって謎であったが、「僕」にとっての羊男に感じる謎は、もっと次元が異なるものがあった。現代の青年が直面させられる「現実」は、三四郎にとって「最も深厚な」と考えられた世界を超えている。

羊男

三四郎にとって世界の謎の体現者が女性、つまり異性であったのに対して、現代青年の「僕」にとっては、それは「羊男」という、同性の、しかし、異類と呼びたいような存在であったことは注目に値する。一般の青年にとって、異性は時に近づき難く感じることはあっても、何とか接近を試みられるし、言葉をかわすこともできる。しかし、羊男となると一目見ることさえもなかなか難しいのではなかろうか。現代の青年たちがかかわる現実の層が、かつての青年と比較にならぬ深さにある、と述べたのはこのことである。現代の青年が会う「羊男」とはそもそも何ものか、どうしてそんな存在と会うことになるのか、について『羊をめぐる冒険』に即して、少し考えてみることにしよう。

『羊をめぐる冒険』の最初は、「新聞で偶然彼女の死を知った友人が電話で僕にそれを教えてくれた」という書き出しではじまる。「女性の死」が冒頭に語られる、と言っても、それは新聞に載っていたのを友人が偶然に知ったことで、ひょっとすれば何も知らずに過ぎるほどのことであった。「僕」が彼女にはじめて会ったのは二十歳のときで、彼女は十七歳であった。彼女の名前は忘れてしまった。「昔、あるところに、誰とでも寝る女の子がいた」。それが彼女であり、「僕」も彼女と寝た。それにしても、彼女はどうして誰とでも寝るのか。彼女に言わせると「誰とでも」というわけではない、何らかの規準があった。「でもね、結局のところ私はいろんな人を知りたいのかもしれない」と彼女は言った。

「それで……それで少しはわかったのかい？」

「少しはね」と彼女は言った。

このような会話をかわした頃を思い出して「僕」は次のように回想する。

「その時僕は二十一歳で、あと何週間かのうちに二十二になろうとしていた。当分のあいだ大学を卒業できる見込みはなく、かといって大学をやめるだけの確たる理由もなかった。奇妙に絡《から》みあった絶望的な状況の中で、何か月ものあいだ僕は新しい一歩を踏み出せずにいた。」

ここに描かれている青年の「新しい一歩を踏み出せず」にいる状況と、三四郎が美禰子という女性に淡い恋心を抱きながら、彼女に接近するための「一歩を踏み出せず」にいる姿とは全然異なっている。後者の方は何らかの望み、夢があるのに、前者の場合は絶望的で夢がない。三四郎にとって夢であり謎である異性を、「僕」は早くから知ってしまったのだ。しかし、それによってほんとうはどれだけのことがわかったのだろうか。彼女は「少しは」わかった、と言っている。後にも述べるように、異性のことはそんなにわかるものではない。しかし、現代の青年の多くは、「少しはわかった」ところで、それを通過してしまうので、後が大変になる。

「世界中が動きつづけ、僕だけが同じ場所に留まっているような気がした。一九七〇年の秋には、目に映る何もかもが物哀しく、そして何もかもが急速に色褪せていくようだった。太陽の光や草の匂い、そして小さな雨音さえもが僕を苛立たせた。」

ここに記述されている青年の状況は、現代の青年が心の深い層にとらわれてしまうので、無気力にならざるを得ないと既に指摘したことが、非常に的確に把握されているものと思われる。

残念ながら話の展開はすべて省略するが、このような状況のなかで「僕」は羊男に会った。というよりは、このような状況に落ちこんでいったからこそ羊男に会った、あるいは、羊男が奥深いところでうごめきはじめたので、「僕」は絶望と孤独の状況に追い込まれたのだ、と言うべきだろう。ここでは何かを原因とし結果とするような記述はできない。なぜか知らないが「ソレ」が起ったのだ。

「僕」が羊男に会うまでに、「羊博士」という不思議な人物に会っているのも興味深い。この変てこな羊博士は、三四郎における広田先生——偉大なる暗闇などと呼ばれる——と対比できるだろう。子どもが大人になるとき、大人の社会に参加するために必要な知識や慣習などについて教えてくれる人がいる。そのような人を教育者とか指導者とか称している。それは一般的に「正しい」ことを教えるのだから、あまり難くはない(と言えば叱られそうだが)。それとは異なり、個々の人間の個性とからみ合ったところで、その人の進むべき道を見出すのに役立つことのできる人がいる。その人は、したがって、世間一般から少し距離を置いたところに位置していなくてはならない。広田先生も羊博士もそのような要件を満たしている。

広田先生も相当な「変人」である。日本は「亡びるね」とすまして言うので、三四郎も驚いてしまう。しかし、羊博士の「変人」ぶりは広田先生の比ではない。この差は、三四郎と「僕」の生きる上での困難さの度合を反映している。「僕」はそれでも羊博士に会えてよかった。現代の多くの青年は「教育者」や「指導者」に取り囲まれて個性を磨滅させられ、真に自分の個性とかかわる道を見出すのに役立つ人に、めったに会うことはない。あるいは、たとい会っていても、青年の方が無視したり馬鹿にしたりして取り合わないかも知れない。そんな変人とつき合っている暇はない、と思うことだろう。

羊博士は自分のかつての苦しみについて、「君は思念のみが存在し、表現が根こそぎもぎとられた状態というのを想像できるか?」と言っている。それは実のところ「思念」とも言えないものだ。羊博士の体験としては、それは「羊が自分のなかにはいった」こととして語られている。思念ではなく「羊」が体のなかに存在し「表現が根こそぎもぎとられ」て苦しんでいるのだ。羊博士がそのときに「精神錯乱」というレッテルを貼られたのも当然である。このような人につける「病理的」な名前は沢山用意されている。

青年期にこのようなレベルの現実に会わずにすむ人もいる。かつてはユングが図式的に記述しているように、このような層の現実には中年以降に接することになっていた――しかもそれも少数の人だったと思われる。現代の青年もユングの言うとおりの段階を踏む人もあるが、大なり小なり羊男の住む世界との接触を体験する人の方が多いのではなかろうか。したがって、羊男の課題は「青年期」のものというより、青年期にはじまるとしても、ある意味では一生にわたって続くものと考える方がいいだろう。羊男はその在り方を変え、またそれを取り巻く状況を変え、必要なときに出現してくると考えられる。事実、村上春樹の作品には、中年になっても羊男が登場している。現代の青年はなかなか大変であることを『羊をめぐる冒険』は如実に語っている。

2　体制のアンビバレンス

子どもが大人になろうとするとき、大人の社会をどう見るかによって、青年期の意味が異なってくる。非近代社会において、特に古い体制をそのまま守っている社会では、そもそも、この世ができたときそれは最高・最善のものとして、神によってつくられたり、生み出されたりしているので、そこに改変の余地はない。子どもとしては、早くそのような社会に参加させてもらいたいと願うばかりである。このような社会では、子どもはイニシエーションの儀式によって一挙に大人になるわけだから、青年期というのはそれほど重大な意味をもたない。

安定の不安

近代社会になって、この社会も「進歩」する、そして、進歩することはよいことだ、と考えるようになると、青年期の重みは急に増してきた。青年たちは来るべき進歩のための予備軍なのである。青年たちは、したがって、そこに存在する社会の体制に組み込まれてゆく、ということと、その社会の体制を改変してゆく、という二重の仕事を課せられており、この両者の間には葛藤が内在している。つまり、改変の方に重きを置くと、既存の体制そのものを否定する傾向が強くなるからである。また、既成の体制にはいり込むことに熱心になりすぎると、「青年らしくない」という批判を浴びることになる。

社会との関係を抜きにしても、青年期においては、子どもから大人へと身体的にも変化する。このことについては次節に論じるが、ともかくそのような「変改」の動きは外界と関係なく、内部においても生じているわけである。このために青年は常に何らかの変革を強いる衝迫を内的に体験している。それは容易に外部に投影され、外的な現実が何らかの意味で「変らないのはおかしい」、「変るべきだ」との思いに駆られることになる。

このような意味で青年期は不安定な時期である。不安はあって当然ということになる。

学生運動の激しかった頃である。ある学生は人前に出ると何となく不安を感じてしまうので、あまり外へ出られなくなった。大学もときどきしか出なかったが、あるときに大学に行くと、学生大会のようなことをしていた。後の方で聞いていると、リーダーが教授会からの回答らしきものを読みあげ、学生の一人がそこまでわれわれは勝ち取ったのだから……というような話をして、全体として何となく落ち着く感じがしてきた。

すると彼は急に不安に襲われ、思わず過激な意見を述べた。予想外の拍手が起こって、以後彼は学生運動の先頭に立つようになる。不思議なことに、戦いが激しく不安定なときは彼は気持がすっきりし、行動もスムースだが、事態が安定に向かってくると内心の不安が高まり、人前に出るのが怖いとさえ感じる。つまり、外界の安定が彼に強い不安を惹き起こすのだ。このような「安定の不安」というのは、青年期の特徴のひとつと言えるだろう。不安定な方がしっくりくるのだ。

『なんとなく、クリスタル』は、ここに述べてきたような青年期の葛藤とかかわって、逆説的な性格をもつ作品になっている。大人たちは「青年期の苦悩」というおきまりのパターンを押しつけてくるが、青年たちはそんな苦悩とは無縁である、というプロテストをしている。大人は青年というと「どろどろした」とか言いたがるが、青年はどろどろどころか透明な結晶だというわけである。そこで、いかに青年は安定しているかを描くことによって大人どもを脅かしているのだが、青年期に内在する奥深い不安はそんなことで消滅するものではない。そこで、作品の終り際になって、「十年後の不安」について言及しなくてはならないのだ。

『なんとなく、クリスタル』の主人公の女性は何の苦しみもなく青年期をエンジョイしている。しかし、十年後のことを思うと不安が心のなかをよぎるのを感じるのだ。十年後の不安というのは、その時点で不安がない、ということではなく、その時に内在している不安は、そこに到達しようとして動きはじめても、それとほんとうに会うのには十年間を必要とするほど奥深いところにある、と考えることも可能である。実際、この作品は「何となく」好きなように生きている青年を描きつつ、その背後に存在する奥深い不安についての漠とした認識を支えに書かれているので、「クリスタル」になるのに成功しているのではないかと思われる。そうでなければ、それは何と言うこともないガラス玉になってしまうのではなかろうか。

体制と夢

ここで体制の改変を考えるに当って、まず個人の内部のことを取りあげてみよう。私という人間は、ある程度の統合性と一貫性を有する主体として、一人の人格であることを認められている。つまりそれに値するひとつの体制である「自我」を形成している。しかし、自我は一定不変ではない。それは時と共に変化している。自我が体制をつくりあげていることは、それに反する傾向や内容は意識下に追いやられていることを意味する。

ひとつの例をあげてみよう。父親を尊敬し、父親の事業や遺産を引き継ぐことを本人も他の人々も当然と思っているとき、その男性が、父親が酔払って無茶苦茶をする夢を見た。それは「現実」とあまりに異なっている。しかし、その夢は彼に強いインパクトを与えたので、彼は考えこまざるを得ない。このようなとき、彼の「夢」は、彼の自我の体制に反する強い傾向をもっていると考えられる。

彼の自我の見る「現実」のなかで、彼の父は絶対的と言えるほどの素晴らしい存在になっている。父を尊敬することは彼の自我にとっての利益につながる。しかし、彼の夢の層に現われる父親の「現実」はまったく異なっているのだ。そこで、彼がそちらの層の現実を「正しい」と決めこんで突然に父親に敵対しても、うまくゆかないことが多い。父親の体制に立ち向かってゆくだけの強さを彼はもっていないからである。あるいは逆に、「それは単なる夢である」として棄て去って、それまで以前と同様の生き方をすることもできるが、彼はその安定した生活の底にある不安に、ずっと悩まされることになるであろう。

　彼に残された道は、彼が父親を尊敬するということと、「父親は酔払いだ」という夢からのメッセージと、その両方を受けいれて、葛藤のなかに生きることである。解決はそれほど簡単に見出されないかも知れない。そもそもそこには一般的な解決法とか普遍的に正しい答など存在しないのだ。父親は何ら欠点がない最高の人であると断定したり、父親はまったく仕方のない人であると決めつけたりすると、答は自動的に出てくる。単層のシステムをモデルにすると「正しい」答は見出せるが、それは現実とズレを生じてくる。ほんとうに「現実」を問題にしようとするかぎり、そこに「夢」も組み込んで考えねばならないところに、「現実」というものの不思議さがある。

　個人の内部において生じることと、社会において生じることとは、一種の並行性をもっているようだ。どのような社会もある「体制」をもっている。その「体制」はできる限り矛盾を含まない統合性をもつように工夫されている。しかし、そのような努力は必ず「体制」と相容れないものを排除しようとする傾向をもつ。排除された思想や行為は、だんだんと集ってきて力を得てくるが、それは民衆の「夢」として表現されてくる、と言っていいであろう。もちろん、その「夢」はいろいろな形をとって顕現してくる。それは体制側の目のとどかないところでの「お話」として示されたり、芸術作品のなかに忍びこまされたりすることもある。

このような「夢」の動きがだんだんと具体的な形をとってくるときがある。そのようなときにそれに対して適切な言葉、スローガンを与える人があり、それが人々にアッピールすると、夢は急激に人々の生きる姿のなかに顕現して、「運動」を起こす。そして、それがもっとも極端なときは革命となる。古来からの多くの革命や変革の姿を見ると、必ずそこに「青春」がはたらいているのを認めることができるだろう。青年たちは自らの内部に動き出している変化と夢に鋭敏になっているので、社会の変革に対しても強くコミットしていくことが多いのである。

もっとも夢を生きるのは、実際的には困難で危険に満ちたことである。したがって、これまでも多くの若者が夢を生きようとして挫折の体験を味わってきた。なかには、命を失った者もいる。夢そのものは価値あるものだが、それを外的現実とかかわらせてゆくためには、外的現実に対する認識力が相当に強くないといけない。さりとて、外的現実の認識に力を注ぎすぎると、夢に反応する力が弱くなる、というところがある。

夢をすぐ「革命」にまで結びつけてしまったが、夢が常にそのような大きい変革につながるとは限らない。小さい夢もあれば大きい夢もある。それに人によって、その夢が自分の属する社会や時代の流れに割に沿っている場合と、そうでないときがあるように思う。本当のところ、このようなことは明確に判断できるはずもないが、こんな考え方もあるな、と最近では思っている。つまり、以前は、何となく時代の流れに沿ってスイスイと生きている人を見ると、「浅薄」などということを思いがちだったが、そのような単純な価値判断を下すよりは、その人の個性化の道は時代の流れと合う類の人なのだと思った方が、納得できるように感じだしたのである。

イデオロギーの終焉

体制に対する夢などという表現をしたが、もっと現実的な表現や知的な表現の好きな人であれば、反体制の思想とかイデオロギーなどというのであろう。確かに、一昔前までは青年の反抗はイデオロギーによってなされた。われわれが子どもの頃、田舎では「思想」とか「イデオロギー」という言葉自体が何やら恐ろしいもののような響きをもって感じられた。

大人たちのつくっている体制のもつ矛盾や欠陥に対して、青年は理路整然としたイデオロギーをもって攻撃した。それは時にあまりに鋭く、しかも論争においては体制側は負けがちになるので、何らかの方法による弾圧によらねばならぬこともあった。このようなことが繰り返され、「反抗」とか「イデオロギー」は青年の特性のように考えられ、これらのことに無関係な青年は、「青年らしく」ないと考えられるほどであった。

しかし、一九六〇年頃にアメリカでは「イデオロギーの終焉」ということが唱えられ、それはほとんどすべてのアメリカの傾向について生じることだが、十年ほど遅れて日本でも言われるようになった。青年たちが、何かのイデオロギーに飛びつき、それを一本槍のようにして大人に向かって突き進んでくることが急激に消滅していったのである。

青年は「反抗する」と決めてかかっている大学の先生などは、近頃の学生は元気がないとか、まったく青年らしくない、と嘆くようになった。もっとも、このように嘆く先生方が、それより少し以前に学生が大いに「反抗」したときに、あまり嬉しそうな顔をしていなかったのも事実であるが。学生たちはイデオロギーなどと言わず、ともかく大学の講義に熱心に出席してくる。なかには「休講」に対して不平を言う学生さえ出てきた。学生の姿が変ってしまったのである。

「イデオロギーの終焉」とは、アメリカの社会学者ダニエル・ベルが同名の書物を出版し、邦訳も出版されたのでよく知られるようになった。以下にベルの考えを要約して示す。彼は一九六〇年頃のアメリカにおいては、マルクス主義、自由主義、無政府主義というようなイデオロギーが、人間生活において力をもつ時代は終ったと主張する。その理由としては、まず欧米のような先進資本主義の国々では、社会改革を目指す人々の考えやエネルギーが、国家の機構や政府の政策のなかにだんだんと吸収されていった。したがって、そこでは、イデオロギーの観念的対立が激化するのではなく、現実的な形でイデオロギーによる主張の何らかの側面が実現されてゆき、対立は緩和されてゆく。そこで、特定のイデオロギーによって非現実的な理想をかかげ、それを追求しようとする情熱は弱くなる。そして、イデオロギーによるよりは、具体的に問題を解決するために必要な知識や技術をもつことの方に関心が向いてくる。そこで、新しい方向や方法を見出してゆくための実証的研究をする能力を身につけること、などが実現されるようになる。

ここで青年について考えるならば、青年はイデオロギーの勉強をしたり、それによる理想の実現を夢見るより、実際的な研究や勉学に励むことになる。これが、ベルの唱えるイデオロギーの終焉である。一九六〇年の頃に比べると、現在では冷戦構造がまったく解体してしまって、かつては理想国のように思われていた共産主義国が一挙に崩れ去ったのだから、イデオロギーの終焉は、ますます現実化したと言えるだろう。

とすると、青年は「夢」を失ったのだろうか。現在の青年たちはすべて、ベルの言うように現実的な問題解決に必要な知識や技術の修得に静かに励んでいるのだろうか。実際に現在の青年に接している私としては、ベルの考えはあまりにも単純であると思う。まず彼は、彼の言う「現実的な問題解決に必要な知識や技術の修得」をよしとすることもひとつのイデオロギーであることを、見落としている。科学的な知識は「正しい」ので、イデオロギーとは関係ないとベルは思っているのかも知れないが、そのように決めつけてしまうのは、ひとつのイデオロギーである。

現代の青年たちが反体制の夢を託そうとしているもののひとつが、オカルトである。確かに近代の科学・技術の発展は目覚ましい。しかし、科学によってすべてのことがわかると考えたり、科学的に説明されない現象は存在しないと考えたりしはじめると、それは本来の科学をこえて「科学主義」となる。科学主義の力が強くなりすぎると、人間は強力な体制のなかに組み込まれて身動きができなくなってしまう。このようなことを敏感に感じとる青年たちは、この世に自然科学によっては説明できない現象が存在する、というだけで嬉しく感じる。このような背景のなかで、青年でオカルトが好きになる者が出てくる。超常現象の存在は、この世のことが合理的、論理的に体制化されないことを意味するものとして受けとめられる。

かつては、青年たちは大人の非合理性を攻撃した。多くの伝統的な行事や行為が「迷信」にすぎなく、何らの効果もないことなどを主張し、近代的に改めるべきことを迫った。ところが、今はむしろ青年たちが、オカルトを武器として、大人の合理主義一辺倒を攻撃しようとする。しかし、残念ながら青年たちの力はかつてのように強力にならない。それは超常現象に関して青年たちのもつ理論的基盤があまりに弱いからである。それは知らぬ間に魔術信仰になったりして、古い時代への逆もどりに過ぎなくなる。実際にオカルトなどに「こる」青年たちを見ると、どうも思考や判断力の弱さが特徴のように思える。

青年の反抗をオカルトによって遂げようとするのは、前記のような理由であまり成功しないように思われる。とすると、ベルが言うように多くの青年はイデオロギーによる反体制の動きを放棄し、大人しく知識や技術の修得に励んでいるのだろうか。あるいは、励むべきであろうか。確かにイデオロギーはあまり役に立たなくなった。しかし、それはイデオロギーというものがしばしば自分自身の存在ということを抜きにして、自分から切り離されて考えられていたためではなかろうか。多くのイデオロギーは人間をあまりに平板化した存在として捉え、その人間をどのように動かしてゆくかが考えられたが、そこでひるがえって自分自身の在り様を深く考えてみると、それほど単純に理論化できないことがわかるはずである。社会主義の理想は結構だが、人間は理想どおりに行動しないことを忘れている。そんなことを言っては駄目で、理想どおりに生きるのこそ素晴らしいと言う人があるが、そのようなことを他人には期待しても、本人はズル賢く立ち回るものだ。これは社会主義国の「実験」の失敗を通じて、われわれが認識したところである。

そうすると、そのような理想どおりには生きない自分、矛盾に満ちた自分、ということを入れこんで人生観、世界観をつくりあげねばならなくなる。これは容易なことではない。単に知識や技術を学ぶことだけでは如何ともし難い。青年たちは、現体制に対して、何らかのイデオロギーに飛びついて反抗の道具にすることの愚を繰り返す気はない。さりとて現体制に満足しているわけではない。結局は自分もその体制に組み込まれるとするのなら、それに必要な努力をしなくてはという気持と、何とかこの体制を変える努力をしなくては、というアンビバレントな気持のなかに、現代の青年はいる。そして、たとい後者の気持の強い者にとっても、何と言っても自分という存在をもう少し見きわめ、自分をも組み入れた世界観を構築してゆくことが必要と考えるので、すぐに目に見える形での「反抗」は行わないでいる、というのが現状と思われる。しかし、現代青年の心の奥では、夢は生きていると私は思っている。ただ、その夢は昔ほど甘くはない。

3 身体性

人間は身体を持っている。というものの身体抜きではその人間の「存在」は感じられないのだから、身体の方がその人間を持っているというべきかも知れない。身体というのは実に不思議なものである。たとえば、手や足などは時によっては切り離す手術をしなくてはならないときがある。そうなると「私の手」はその瞬間に「もの」になってしまって、棄てられても仕方がない。あるいは、私の胃が痛むとき、それは「私の胃」であるのに、そのことについて「私」は責任がないことになっている。と言って、誰かが私の身体を傷つけようとすると、私は絶対にそれを防ごうとするだろう。そんなときは、私は自分を守っていると思うだろうが、「私」が「身体」を守ろうとしているなどとは思わないだろう。要するに、都合によって「私」は身体を「私」の内に入れてみたり、外に出してみたりしている、と言えるだろう。

このように「私」と「私の身体」との関係は、非常に微妙で不思議なものであるが、青年期においては、その在り方が特に重要になってくる。青年期においては実に急激に身体が変化するからである。ここでは、人間を客観的に調べた身体の変化の問題ではなく、人間が「私の身体」として主観的に感じとっている身体――それを身体性と表現したが――について考えてみることにしよう。

身体の発見

自分の身体を発見する、というと大袈裟にきこえるかも知れないが、青年期を迎えて人間が自分の身体の急激な変化を体験するときの感じをむしろよく伝えてくれている、と言うべきだろう。身体は、近代医学が行なっているようにそれを完全に対象化して、研究したり操作を加えたりすることができる。しかし、他方で、人間としては自分が主観的に「生きている身体」がある。しかも、そのような身体は心と密接に関連している。悲しく苦しいときは身体も活潑に動かないし、身体の調子の悪いときは心もはずまない。

青年期のぎこちなさ(adolescent awkwardness)という言葉がある。体の動きに円滑さを欠き、何ともないところでけつまずいたり、ひょろついたりする。特に緊張を要するような場面でよく起こるので、恥かしい失敗をし、後々までその思い出が残って劣等感を誘発することもある。一番大切なお客にお茶をぶっかけたり、大切な儀式のときに多くの人の面前で滑って転んだりする。これは身体の急激な成長と、それをコントロールする力との間にアンバランスが生じているためである。このようなぎこちなさを感じているために、何かにつけて凄くひっこみ思案になる者もいる。子ども時代に活潑だったのに、急にひっこみ思案になって、周囲の大人をいぶかしがらせることになる。

逆に、身体の急激な成長に合わせて、運動能力が急に進歩する者もいる。子ども時代はそれほど運動能力があると本人も思っていなかったのに、思春期から青年期にかけ、日進月歩という感じで運動能力が進み、スポーツ選手となることもある。

身体の成長とその能力をコントロールすることは、本人にとって嬉しいことなので、青年期には身体を用いる遊びに興じる者が多い。いろいろなスポーツが青年のために用意されている。ところが、すべてのスポーツはそれにかかわる真剣さの度合が問題になってくる。単に遊びとしてテニスをしているのと、選手になるのとは異なるし、それがプロとなるとますます程度が違ってくる。スポーツを職業とする人は少ないにしても、そこには勝負があり、真剣さが増してくると、「遊び」とばかりは言っておれない。このような点については、後に「遊び」について論じるときに触れる。

青年期における深刻な問題として、特に女性に多いが、拒食症がある。どうしても何も食べる気がしない。あるいは、食べようと思っても自分でも不可解な抑制力がはたらいてしまう。そうして、他人から見れば、痩せ過ぎで、ガリガリと見える姿が、本人には好ましい姿に見え、食事をして普通の姿になると、本人は醜い姿だと感じる。このような女性の夢見る自己像は妖精のように軽やかに、空でも翔んでゆく姿であろう。

しかし、実際には拒食を続けると、女性の生理も停止し、時には命を失うことにすらなる。このようなときは入院させて鼻注で栄養を補給する処置さえしなくてはならない。しかし、少し油断をするとその鼻注を引きちぎってしまうほど、拒絶の力は強い。

このような拒食には、意識的、無意識的な自分の身体性に対する強烈な拒絶がある。自分の身体存在を認めたくないのである。そして、身体性の拒否は自分自身の存在の拒否につながってゆく。このような拒否感のために本人は気息奄奄と思われるかも知れないが、多くの場合、拒食症の人たちは人一倍の頑張り屋である。あのような細い体でと皆が驚くなかで、スポーツの選手として凄い記録をたてたりする。こんな姿を見ていると痛ましい感じがするが、このようにして限界ギリギリまで頑張り抜こうとする意志と、あくまで己の身体の存在を拒否しようとする意志が、ひとりの少女のなかに共存していることの凄まじさに圧倒される思いがする。

しかし、人間存在というものは、もともとこのようなのかも知れない。生と死がほとんど同じくらいの強さでせめぎ合っているのだが、ほんの少しのバランスの差で、普通の状態のときは生きる力の方のみが意識されているが、青年期のような不安定な時期に、急に生と死のせめぎ合う様相が顕在化されてくるのではなかろうか。

このように考えてくると、青年期の身体を用いての遊びやスポーツに、時に生命の危険を感じさせるようなのがあったり、青年が敢て生命の危険を感じさせるようなことを、自ら求めてやりたがるのも了解できる。生死のギリギリのせめぎ合いのなかでこそ、己の存在を確かめられるように感じるのである。

性の受容

青年期における身体性の問題と言えば、何といっても「性《セックス》」のことが重要となるだろう。フロイトによる幼児性欲の理論はしばらくおくとして、人間が成人として性行為によって子どもを得ていくためには、成人として自分の性衝動を受けいれてゆかねばならない。しかし、最初の頃は本人にとって、それは性衝動というような明確な名前をもったものではなく、何か遠くの地鳴りのような不気味な力と危険を予感させるものとして感じられる。そして、何かおきまりではない未知で不可解な世界へと自分が駆りたてられているのを、体感として感じるのである。

多くの女性の場合、このような体験は、「何ものかの侵入」の夢として体験される。夢のなかで、鍵をかけておいたはずのドアーが開けられ、何ものかが侵入してくるのを感じる。部屋の空気全体が重苦しくなってきて、恐ろしいと思いつつ身動きもできないし、声も出せない。そのうち、その何ものかが自分の上に乗ってくるので、恐怖の声をあげて目を覚ます。このような「侵入」の夢を見るのは女性の思春期、青年期前期に多く、侵入者がはっきりと男性の姿をとるときもあるが、実際に性関係が生じる夢になることは少ない。ともかく、侵入を受けつつ身動きができない、というのがこの夢の主題である。

夢における侵入の体験は、女性の成熟のためには、むしろ必要なこととさえ言えるだろう。このような体験をしつつ、外的な勉学や仕事、交友などに心を奪われたりして、バランスをとりながら生きてゆくのだが、このようなバランスが壊れると、その女性は極端な無為と閉じこもりの生活に陥る。もっとも、このような「閉じこもり」はある程度は誰にも必要である。少女にとって不可欠なこのような「閉じこもり」の時期は、昔話の「眠りの森の美女」の長い眠りや、白雪姫の「ガラスの棺のなかの仮死状態」などに語られているが、ここでは触れずにおこう。

必要な閉じこもりではあるが、これが極端になるとノイローゼの状態になり、時には精神病的な状態にまで移行する。青年期のノイローゼは、男性よりも女性の方が早くはじまり、その多くは無気力、無為の状態になる。男性の方も、もちろん無気力ということがあるが、女性よりは少ない。しかし、大人に対して無口にはなる。自分の内部で生じていることが不可解で言語にならないのと、すべての大人というものが、どこか「うさんくさい」と感じられるからである。男性の場合は、仲間との間の突飛な行動や、スポーツに打ち込むこと、などなどの行為のなかで、そのもやもやを解消することが多く、ノイローゼの症状は女性よりも遅く発現する。

おそらく女性の場合は、「性をどう受けとめるか」という時期に、すぐに問題が生じるのに対して、男性の場合は、「性をどう支配するか」という時期に問題が生じやすいのであろう。したがって、両者の悩む時期にズレが生じるのではなかろうか。「閉じこもる」方を先に述べたが、これとはまったく逆に、性衝動の力に支配されてしまう青年もいる。十代から性関係が体験され、それも不特定多数の相手と関係する。大人は「不純異性交遊」などという言葉を発明したりしてそれに対抗しようとするが、その勢いには抗すべくもない。なかには威勢のいい青年もいて、ある女子高校生が説教を繰り返す教師に対して、「私たちはお互いに好きだからしているのに、先生らは好きでもないのに夫婦だからといってしているのは不純じゃないですか。私たちの方こそ純粋です」と言ったので、教師の方が思わずうなずいてしまったという例もある。

「子供たちをよろしく」という映画を見た。アメリカのシアトルの町に住むホームレスの子どもたちの生活を映したドキュメンタリーである。子どもたちの姿がよく描けていて、素晴らしい映画であった。そこには十代の性どころか売春もあり麻薬もあった。犯罪や犯罪ギリギリのなかで、子どもたちはけなげに生きてゆく。そこでその子どもたちは大人になったときどのような生活をしたいのかを尋ねると、異口同音に「暖かい家庭」と答えるのには、驚いてしまった。一般の人々とはまったく異なる日常生活をしていながら、彼らの心に描いている「夢」は、決して「時代の先端を行く」ものでも、「新しい家族像」を提供したりするものでもなかった。それは、父がいて母がいて、子どもがいて、皆が仲良く暮らしている「古き良き家庭」なのであった。

このことからいろいろな結論が出せると思うが、ここで「性」のことにのみ限って考えれば、「性の自由を楽しむ」ことが、どんなに難しいかということである。彼らは旧来の性倫理で言えば、かなり自由な性の生活をしているのだが、むしろ、旧来の倫理に縛られる生活をこそ望んでいる。このことは、人間にとって性ということがいかに難しいことであるかを示している。

「性は地獄から天国まで存在している」と分析心理学者のカール・グスタフ・ユングが言っている。これは名言である。人間は性によって自分がいかに最低の存在であるかを知ることもあるし、性によって至高の状態を味わうこともできる。そして、それは身体のことであると共に優れて精神のことでもある。これほどの広さと深さをもったことを、言語によって説明し切ることはおそらく不可能であろう。

性はこのような意味で人間の実存と深くかかわるものである。したがって、それを謎として青年が苦しんだり悩んだりすることは、人間の成熟の上で望ましいことと考えられる。しかし、人間はともかく自分がすべてのことを知り、支配し得る存在であると思いたがり、「謎」にふりまわされるのを好まないので、性も「既に知っている」ことや「大したことではない」こととして扱いたくなるのも当然である。なかには青年たちの苦悩をできるだけ少なくしようと考え、「性教育」によって「事実」を教えようとする親切な大人もある。

人間存在のかかえる多くの矛盾を考えると、このような考えにも一理あることを認めるが、それによって性が「わかってしまう」ことなどあり得ないことを、よく認識する必要があるだろう。人間の実存に深くかかわることとして、性をめぐる夢や遊びや、それに儀式などよりも、「事実」の方が上回るなどとは考えない方がいいであろう。

4　青春の倫理

青春ほど倫理を必要とする時期はない。特に青春の夢や遊びについて語るならば、倫理抜きで語ることは不可能である。青春期の堕落を賞揚する人は、果てしなく落ち続け、堕落の底でこそ真実の底に触れ得るのだ、という強い倫理観に支えられている。さもなければ、人間は徹底した堕落に耐えられるものではない。少し堕落するのは楽しいが、それを継続するためには、自然に浮かんでくる懐疑や罪の意識、退屈感などに負けてしまわないだけの倫理観を必要とするものである。

と言って、一般に倫理というのはややもすると、夢や遊びを消滅させる力をもっていることも認めねばならない。しかし、倫理に身を固めて夢や遊びのない人と同様に、夢や遊びに倫理の裏づけのない人も、まったく面白くないことは事実である。あまりつき合う気がしない。というわけで、倫理について語る必要性を認めるのだが、それを言語化することの難しさも強く感じている。果してどんなことになるのかわからないが、試みてみよう。

健全な若者

青年のなかにも「健全な」人たちがいる。大人に好かれたり、期待されたりする青年であり、健全な青年を「育成」しようと努める人もある。健全な青年も「夢や遊び」と無縁ではない。むしろ積極的に「夢」をもつことも健全さの要因とみなされるし、「健全な遊び」もある。要するに、そこには破壊的な要素が少ないと言っていいだろう。

最近、アメリカのプリンストン大学に行き、その学生たちに接して、健全な若者たちの良さを認識させられた。プリンストン大学の学生は「よく学び、よく遊べ」の典型ではないかと思う。日本の学生に比して、その学習量の大きいことは相当である。怠けていては決して卒業できない。おそらく、世界中でも日本の学生ほど学習量の少ない大学生は珍らしいのではなかろうか。と言っても、プリンストンの学生が勉強ばかりしているわけではない。あらゆるクラブ活動は盛んであるし、デートに励むのも変りはない。しかし、何とも健全なのである。

プリンストンで日本映画を見た後に、それについて話合うという企画を立て、何本かの日本映画を見た。文化比較という点で何か興味深いことが出てくるのではないかと思ったからである。結果はいろいろとあったが、ここに倫理観という点で感じたことをひとつ紹介したい。新藤兼人監督の「鬼婆」という作品を見たときである。そのなかで男女の性についての描写があった。日本人であれば、それが特に露骨という感じをもつものではない。しかし、アメリカの学生にとってはそれは相当に強烈であったようだ。

細かいことは略すが、ともかくアメリカの学生たちの反応は、あのような性的な描写のある映画を一般の人が見るのか、見せていいのか、というものであった。性に関してはアメリカの方が「自由」と思い込んでいる人が多いので、これには説明がいるだろう。アメリカでは映画についてのキツイ委員会があって、一般向にはGとか、少し性的に露骨なものにはXなどという印がつき、それに従って人々は映画を見にゆく。家族連れならGを見にゆくというわけである。

プリンストンの学生たちに対して、君たちもXマークの映画を見るだろうと問うと、そんなのは見ないという。それでもアメリカの遠い都市に行き誰にも知られないと思うと見るのではないかと追及すると、「そんな映画を見たという事実に自分が耐えられないから見ない」と言う。このことは、アメリカの青年の倫理観を端的に示している。他人がどう思うかではなく、自分が自分をどう評価できるかが重要なのである。

このような健全な学生たちに接して、何となくアメリカというと「自由」ひいては「堕落した青年たち」というようなイメージを思い浮かべがちになる日本人として、このような人たちが成人してアメリカ社会を支えているのだということを、あらためて感じさせられた。このような倫理観が絶対に正しいとか善いとか言う気はない。しかし、このような健全な倫理観がアメリカ社会を支えている事実は認識しておくべきだし、それに対して自分はどうかと考えてみる必要があると思う。

「あなたと話合っていて、自分はあまり意識していなかったけれど、自分はいかにキリスト教の倫理観によって生きているかを意識させられた」と言う学生もいた。日本の現状はどうだろう。日本の古来からある倫理観は西洋の文化との接触によって相当に変えられた。性に関する倫理は特にそうである。しかし、今の日本人でプリンストンの学生たちの持っているような倫理観をしっかりと持っている人はどのくらいいるだろう。そんなのは堅いとか古いとかはすぐに言える。ではそのとき、あなたはどのような倫理観を持っていますかと問われたときに、それに答えることが出来るだろうか。

倫理観の差

どうして私はこうまで倫理観にこだわるのか。それは倫理観が不明確なために、自分のみならず他人をも不幸にし、転落していった人をあまりに多く知っているからである。「なぜそんな馬鹿なことをしたの」という私の質問に対して、「この頃はそうなっているのでしょう」とか「皆もそうしていると思って」とか「週刊誌を見ていると、そんなのがこの頃の傾向かと思ったので」とかの返事がなされる。週刊誌が倫理のテキストになっているのだ。そして、それに従わないと自分も時代の流れから取り残される、と思ってしまう。ところが、結果的には馬鹿を見たと嘆くことが多い。

こんな人たちに会っていると、プリンストンの学生を見習えとまで言う気はないが、アメリカのプリンストン大学の「この頃の傾向」も参考にして、自分の倫理を見つけて欲しいと言いたくなってくる。ともかく、いろいろな考え方があるのだから、無理して週刊誌の教えてくれる傾向になど従わなくてもいいのだ。

性に関する倫理と言えば、三四郎の最初のところで、次のようなエピソードがあったのを思い出す。三四郎は熊本から長い時間、汽車に乗って上京してくるが、途中で乗合せてきた女性が、名古屋で泊ることになったとき、一人では気味が悪いから迷惑でも宿屋へ案内してくれと言う。三四郎は仕方なく彼女と宿屋にゆくと、「上《あが》り口《くち》で二人連《ふたりづれ》ではないと断るはずのところを、いらっしゃい、――どうぞ御上《おあが》り――御案内――梅の四番などとのべつに喋《しゃべ》舌られたので、やむをえず無言のまま二人とも梅の四番へ通されてしまった」。

下女が床を延べに来るが、「床は二つ敷かなくてはいけない」と三四郎が言っても、何のかのと言って「一枚の蒲団を蚊帳一杯に敷いて出て行った」。女は平気で先に蚊帳の中にはいってしまう。三四郎は「失礼ですが、私《わたし》は疳性《かんしょう》で他人《ひと》の蒲団に寝るのが嫌《いや》だから……少し蚤除《のみよけ》の工夫を遣《や》るから御免なさい」と妙なことを言って、シーツの端を女の寝ている方へぐるぐる捲いてゆき、真中に仕切りをつくり、自分は手拭を二枚続きに長く敷いて寝た。「その晩は三四郎の手も足もこの幅の狭い西洋手拭《タウエル》の外には一寸《すん》も出なかった」。

別れるときになって、「さよなら」と三四郎が言ったとき、「女はその顔を凝《じっ》と眺めていた、が、やがて落付いた調子で、「あなたはよっぽど度胸のない方《かた》ですね」といって、にやりと笑った。三四郎はプラットフォームの上へ弾《はじ》き出されたような心持がした」。東京行の汽車のなかで、一人になってから三四郎は考える。

「元来あの女は何だろう。あんな女が世の中にいるものだろうか。女というものは、ああ落付《おちつい》て平気でいられるものだろうか。無教育なのだろうか、大胆なのだろうか」。いくら考えても見当がつかない。思い切ってもう少し接近してもよかったのにと思うが恐ろしい。「別《わか》れ際《ぎわ》にあなたは度胸のない方だといわれた時には、喫驚《びっくり》した。二十三年の弱点が一度に露見したような心持であった。親でもああ旨《うま》く言い中《あ》てるものではない。……」

このような経過の上に立って、三四郎は東京で、迷羊《ストレイシープ》に会う。これに対して、既に紹介したように、まったく異なる羊、「羊男」に会った『羊をめぐる冒険』の主人公の場合はどうであったろう。この本の最初は「新聞で偶然彼女の死を知った友人が電話で僕にそれを教えてくれた」という文ではじまる。交通事故で死んだ彼女と主人公は以前に関係があった。昔の仲間にあって彼女のことが話に出るとするとこのようになるだろう。

「なんて名前だっけ、すっかり忘れちゃったな、俺も何度か寝たけどさ、今どうしているんだろうね、道でばったり会ったりしても妙なものだろうな。

——昔、あるところに、誰とでも寝る女の子がいた。

それが彼女の名前だ。」

この主人公の女性との関係は、三四郎と対照的である。彼らはほぼ同年齢だが、性に対する異なる倫理観をもっている。その差が彼らのその後に遭遇する者の差につながってきている。三四郎は美禰子に会い、片方は「羊男」に会う。もちろん、どちらも大変だし、会い方によっては完全に自分の人生を破壊されることになる。しかし、その程度は「羊男」の方がよほど大きい。それは狂気につながると言っていいだろう。

現在の青年は三四郎の臆病ぶりを笑うかも知れないが、当時としてはそれはむしろ新しい態度であったことを指摘しておくべきだろう。もちろん少しは三四郎の性格も関係しているだろうが、昔の日本の考えだったら、「据膳食わぬは男の恥」ということになる。ところが三四郎は後でくよくよと考えたとき、「教育を受けた自分には、あれより外に受けようがないとも思われる」とも結論づけているのだ。つまり明治維新になって「新しい教育」を身につけたので、古い倫理観に従えなくなったのだ。

当時の新しい考えとは、西洋から輸入したものだ。「愛し合っている者のみが、しかもその愛の永続を決意している者のみが、性関係をもつことができる」という考えである。漱石は知っていたかどうか知らぬが、グリム童話「二人兄弟」のなかに、瓜二つの兄弟の兄が弟と人違いをされて、弟の夫人とベッドを共にしなくてはならなくなったとき、二人の間に両刃の剣を置いて寝るところがある(この点について詳しくは、拙著『昔話の深層』福音館書店、一九七七年を参照)。グリム兄弟の信奉したロマン主義の倫理観の象徴として、両刃の剣が男女の間におかれているのだ。三四郎は西洋から到来した新しい倫理観に従って、両刃の剣の代りにシーツを長く捲いたのを置いたのである。

ある倫理に従って行動するとき、それは臆病と言われるときもある。これは倫理を失ったり、破ったりする行為が、時に「勇敢」と言われたりするのと表裏の関係にある。

発見的倫理《ヒューリスティク・エシックス》

現在の青年を考えると、その倫理観は極めて多様と言えるのではなかろうか。まだまだ三四郎以前の旧来の日本の倫理観で生きている者も相当にいる――と言っても、本人はそれで結構新しいと思い込むことも可能である。いろいろあって、簡単にどれがいいと言えぬところが現代の特徴であろう。しかし、迷羊《ストレイシープ》と羊男の差で示したように、倫理観の差によって、その後の人生は大きく変るのだから、自分がどのような倫理観で生きているかを、できる限り意識し、その帰結として押し寄せてくる現実の力に対抗するだけの覚悟と力を養っておかねばならない。さもなければ、後悔ばかりして暮らすことになる。

旧来からあるもの、慣習的に存在している倫理を一応道徳と呼んでおこう(この名前のつけ方も人によって異なるだろう)。人が道徳に従って行動しているときは安全である。大体おきまりのことが起こり、おきまりの結果が得られる。しかし、個人の内部から湧き起ってくるはたらきは既存の道徳に反することがある。そんなときに、その個人は自分の生き方を決定するための選択をなさねばならない。そのときに道徳に従えば問題はない——と言って、それはあくまで外的なことであり、自分の心をどうおさめるかという課題は続くときもあるが。そこで、道徳に反して行動しようとするときは、相当な慎重さや覚悟を必要とする。

旧来の道徳を破るための新しい倫理が確実に存在し、自分は後者に賭けるというときは、まだわかりやすい。しかし、そのような明確なものはないが、自分の内界のはたらきを重視したいというときは、自分の行為と、倫理的確かめが相互作用的に循環し、そのなかで新しい倫理を自分のものとして発見してゆくような感じになるだろう。

プリンストンの学生がただ「健全な」道徳を守って生きてゆく、とするのでは物足らない感じがする。そこで、性描写のある映画など見ないと言った学生に質問を続けてみた。「アメリカで村上春樹の小説が英訳され、若い人に読まれているが、それをどう思うか」と問うと、自分も読んでいるし、いい小説だとのこと。「それでは村上春樹の小説には性的な場面がよく出てくるが、それはどう思うのか」と尋ねた。そうすると、映画のように性の場面が映像でそのままでてくるのは困るが、文学の場合は作者の全体的な構想のなかで出てくるので受けいれられるのだ、とのことであった。

映画「鬼婆」の場合も監督の構想のなかに性の描写がはいっているのだが、アメリカの学生にはそうはとれなかったのだろう。この点についてはここに触れぬこととして、ともかく村上作品に対して、アメリカの学生の言ったことはうなずける。別に性のために性が描かれているのではない。そこには作者の意図や観念がこめられている。

こんなことを考えながら村上春樹の作品を読んでいたら、『ダンス・ダンス・ダンス』(講談社文庫、一九九一年)のなかにつぎのようなところがあった。これは『羊をめぐる冒険』に続くものと考えられる作品で、「羊男」も登場してくる。主人公の「僕」

は既に三十四歳になっている。彼はふと知合った不思議な少女ユキと親しくなる。ユキの母親は途方もない自由人で娘のことなどお構いなく恋人ディック・ノースとあちこちとび歩いている。ユキはディックに対していい感情をもたず面と向かってひどい言葉を投げつけたりする。ところが、ディックは交通事故で急死し、ユキは彼のことを回想して、よい人だったと言い、それなのにひどいことをしたと後悔する。それに対して、「僕」はそんな考えは下らないと言い、「後悔するくらいなら君ははじめからきちんと公平に彼に接しておくべきだったんだ」ときっぱりと言う。

「僕の言い方はきつすぎるかもしれない。でも僕は他の人間にはともかく、君にだけはそういう下らない考え方をしてほしくないんだ。ねえ、いいかい、ある種の物事というのは口に出してはいけないんだ。口に出したらそれはそこで終わってしまうんだ。身につかない。(中略)口に出して「酷いことをした」なんて他人に言ってほしくないと思う。それは礼儀の問題であり、節度の問題なんだ。君はそれを学ぶべきだ。」

少女はこの言葉を静かに受けとめた。「たぶん体の中で泣いているんだろうと僕は思った。声も涙も出さずに泣いているのだ。僕は十三歳の少女に対して余りにも多くを望んでいるのだろうか、とふと思った。そして僕はそんな偉そうなことを口にできる人間なんだろうか、と。でも仕方ない。相手が幾つだろうと、自分自身がどういう人間であろうと、僕はある種のことに対しては手加減というものができないのだ。下らないことは下らないと思うし、我慢できないことは我慢できないのだ」。

ここで、「僕」は「礼儀」や「節度」について語っている。これはこの作品のなかで、「僕」が(そして、おそらく著者が)直接的に倫理観を表明している珍らしい場である。旧来の道徳に従って、この主人公の女性関係を非倫理的と感じる人は、この「僕」を、つまり作品を支えている倫理観を見失ってしまう。そこで、さすがの「僕」もたまりかねて、自分の倫理を直接的に表明したくなったのかも知れない。

「下らないことは下らないと思うし、我慢できないことは我慢できない」ことを自他に対して明確にすること、それがその人の倫理観である。

第三章　青春の夢

青春と夢とは切っても切れぬ関係にある。「夢多き」というのは「青春」を飾る常套語である。このような場合、夜に見る夢ではなく、青年たちの心に抱く理想や願望などを指している。そして、それは「夢」であるだけに、にわかに「現実」には結びつき難いもの、という考えをその背後に持っている。夜の睡眠から覚めて、その日の仕事に向かってゆくように、青年期の「夢」から覚めて、現実に向かってゆくようになるのが「大人」である、と考える人もあるだろう。

しかし、このような考えはあまりにも現実的すぎる。夢があってこそ人生に多くの彩りが生じてくると言える。もっとも、その夢をどのように生きるかは大問題で、そこには相当な危険も存在する。古来から多くの青年がその「夢」を大切にすることによって、偉大な仕事を成就したり、また逆に、命を失ったり、多くの人に迷惑をかけたりしてきた。夢にも大小さまざまあるし、それに対する対し方もまた異なってくるが、青年が夢をもつことはむしろ当然のように思われてきた。

現在の青年は、それほど「夢多い」生活をしているようでもない。まず第一に、かつての「夢」はあまりにも多く現実化されてしまった。夜見る夢で、空を翔ぶ夢を見た人は古来から多くあるが、月世界に行った夢を見た人は極めて少ないのではなかろうか。しかし、それは既に現実化されている。それと、一般に心に描きやすいような「夢」は現実の壁にあたって挫折することが多い、という事実を知りすぎたのではなかろうか。

と言っても、青年の「夢」は消滅したのではない。それがかつてのそれとどのように異なり、どのようにして存在しているかを次に述べてみたい。

1　ロマン主義

夢を尊重する考えにロマン主義がある。かつての若者の多くはロマン主義に心を惹かれた。青年の好んで読んだり見たりする、小説や映画は「ロマンス」によって彩られていた。若い男女の恋に多くの若者がその「夢」を託したものである。そこで、まずロマン主義の小説をひとつ取りあげ、それについて述べ、後に、それと現在の作品を取りあげて比較してみたい。両者は異なると言えば大いに異なっているが、あんがいなところに類似点を見出すこともできる。

どちらの作品も「夢」について考えさせるものであるが、ロマン主義の作品として、E・T・A・ホフマンの『黄金の壺』(神品芳夫訳、岩波文庫、一九七四年)を、現在の作品としては、吉本ばなな『アムリタ』(福武書店、一九九四年)を取りあげることにした。前者は、私自身が青年時代に大いに感動した作品なので、これに決定したし、後者は現在の青年によく読まれている上に、青年の夢について語るのにふさわしいと思ったので、決めた次第である。

ホフマン(一七七六―一八二二)は、ドイツロマン派の鬼才として、かつては多くの青年に読まれる名作を書いたが、おそらく現在では、バレエの「くるみ割り人形」「コッペリア」などを見てその名を思い出す人はあるにしても、その小説が読まれることは少ないと思う。それで、荒筋を紹介しながら、『黄金の壺』について論じてみたい。

不器用な大学生

この小説の主人公、大学生アンゼルムスは、既に述べた青年期のぎこちなさ(adolescent awkwardness)の典型のような姿で登場してくる。彼は町を走ってきて「みにくい老婆が売っているりんごや菓子の入ったかごのなかへ一直線にとびこんでいったのである」。彼は嘲笑と悪口雑言のなかで、あまり金のはいっていない財布を老婆にわたして逃げ出してゆく。この日は昇天祭で、彼は少しはお酒を飲み、着飾った女の子たちを見て……などと思っていたのに、一文なしになってしまった。彼は「夢にえがいていたたのしみ」をすべて失ってしまった。

アンゼルムスは身の不幸を嘆いてひとり言をいう。新調の上着を着て外出すると釘にひっかける。枢密顧問官に会うときに帽子をおとしたり、床に足を滑らせてひっくり返るなどなど。「ああ、未来の幸福をえがいていた夢たちよ、きみらはどこへいってしまったのか。ぼくだってたぶんここで枢密秘書官ぐらいにはなれるだろうなどといい気になって広言していたものだが！」。その有力な後援者になってくれるはずの枢密顧問官に会いにいったときもまた、へまばかりやらかして、彼を怒らせてしまったのだ。

アンゼルムスのせっかくの「夢」も破れてしまったようだが、彼の最初に描いていた夢が、相当に現実的なものであったことに、まず注目したい。その小さい夢のひとつは、「お酒を飲んで、着飾った女の子たちを見る」というものだったし、大きい方も「枢密秘書官になる」というものだった。ところが、アンゼルムスの途方もない不器用さのために、それらは破れてしまった。

器用な青年というのも、世の中にはいる。それはまず「夢」などあまりもたない青年である。「夢」などというあいまいなことに心を奪われず、現実を処理してゆくので、ものごとがすべてスムースに運ばれてゆく。つぎに、たとい「夢」をもっても、それはその本人にとって実現しやすいものをうまく選ぶ。そして、本人の夢を実現しやすい条件をうまく整えて、その青年は「器用に」成長してゆくことだろう。

アンゼルムスは、なぜこんなに不器用なのだろう。彼は無能力ではない。彼は成績は優秀だし、将来は枢密秘書官か、あるいは宮中顧問官にさえなれるのではないかと期待されているほどだ。そこを見込んで、アンゼルムスの大学のパウルマン教頭は娘のヴェロニカが彼と結婚すれば、と願っているし、青いひとみのヴェロニカも彼を憎からず思っている。このように「夢」を実現する能力をもっていながら、それを潰してしまう不器用さがアンゼルムスを苦しめるのは、彼の知らないところで、もっと深い次元の「夢」が彼を捉えているからである。不器用さは深い夢への通路になる。

青年は夢を持つべきだ、と言ったりするがほんとうのところは、夢の方が青年を捉えているというべきだろう。アンゼルムスが「宮中顧問官」などという夢を持っているときに、もっと大きい夢がアンゼルムスを捉えつつあった。そのギャップから彼の不器用さが生まれてくる。青年が夢破れて八方ふさがりと思ったり、己の不器用さに腹が立って仕方ないと感じたりするとき、自分を捉えようとしている「夢」は何か、と考えてみると発見をすることがあるだろう。そこからまったく新しい道が拓けてくる。と言っても、それはそれ相応の苦しみを伴うものであるが。

アンゼルムスは絶望してひとりごとを言っているうちに、不思議な「声」をきく。彼は驚いてしまうが、それは「緑がかった黄金色にかがやく三匹の蛇」のささやく声であることがわかる。そのうちの一匹が彼の方を見た。「魅惑的な濃い青の二つのひとみが、いいしれないあこがれをこめて彼を見つめたので、このうえないよろこびと深い苦しみのまざり合った生まれてはじめて知る感情があふれて、彼の胸は破裂しそうになった」。

緑の蛇に心を奪われ、呆然としているアンゼルムスを見て、道行く人は「あの人はたぶん頭がおかしいのね!」と言った。深い夢に捉われた者は、「精神病」というレッテルを貼られる危険と戦わねばならない。実際、アンゼルムスはこの後、いろいろな人から、「気でもちがったんですかい」とか「発作を起こした」とか、「気が狂った」とか言われるのだ。それらと戦い抜くことによって、アンゼルムスは幸福を手に入れることができるのである。

非日常の顕現

アンゼルムスの能力を評価しているパウルマン教頭と書記役のヘールブラントは、彼が貧乏なのに同情してよいアルバイトを紹介してくれる。古文書研究家で実験化学者でもあるという風変りな老人、文書管理人リントホルストのところに行き、彼の文書の筆写をすると高い給料がもらえる。アンゼルムスは喜んでリントホルストを訪ねてゆくが、そのドアのブロンズのノッカーをつかもうとすると、その金属の顔が「にやりとうすら笑いを見せ」、それは例のりんご売りの婆さんの顔になり、アンゼルムスに悪口を浴びせかけてきた。それを見てアンゼルムスは一目散に下宿へと逃げ帰ってしまう。

ところで、この文書管理人リントホルストは、実は「火の精」である。彼の祖先フォスフォルスは火の神で、竜と戦って勝ち、百合の女王と結婚した。リントホルストはそのような由緒ある血統に属するのだが、それを聞くと人々はどっと笑い、あるいは「いまのは東洋の伝説でしょう、リントホルストさん」と言ったりする。それに対してリントホルストは「これはでたらめどころか、ただのたとえ話でもなく、正真正銘、真実の物語ですぞ」と抗弁する。

アンゼルムスはリントホルストに会い、彼が声をきいて心を惹かれた三匹の蛇はリントホルストの娘であり、彼がその青いひとみに魅力を感じた蛇は、末娘のゼルペンティーナであることを知らされる。かくて、アンゼルムスはゼルペンティーナに会える楽しみもあるし、文書管理人リントホルストのところにアルバイトに通うことになる。

アンゼルムスは、文書管理人が実は「火の精」であることを知るし、蛇が「ゼルペンティーナという娘」であることも知る。そうなると彼は「通常の生活との外的な接触の感覚がすっかりなくなってしまったのだった。彼は、心の奥底の方にえたいの知れないあるものが動いていて、それが自分にあの歓喜のいりまじった苦痛をよびおこすのだということを感じていた。その苦痛は同時にまたあこがれとなり、より高度な別の存在に参入することを人間に期待させるものでもある」。

日常の生活では、自分の身のまわりにあまり変ったことは起こらない。見たり聞いたりすることは、大体自分の知っていることであり、予期していることである。学生にとって、一人の教授はあくまで大学の教授であり、講義の内容もそれほど変りばえしない。教授のなかには、十年間、冗談にいたるまで毎年同じことを繰り返している人さえいる。もちろん、時に教授が退官したり、助教授が教授になったりするが、それも大体は予期できる範囲のものである。こんなことに慣れてくると、日常の生活がまったくつまらなく思えるときがある。こんな同じことを繰返していて何になるのか、と思う。ほとんどのことに興味を失ってしまう。

しかし、そのような日常の世界に非日常の内容が顕現してくる。文書管理人の老人と思っていたのは実は「火の精」であった。しかもアンゼルムスは彼が鷹になって空を飛ぶのまで見るのだ。そして、一匹の蛇は実は世にも美しい娘なのだ。「実は――である」ということ。これは非常に大切なことではないだろうか。われわれは人間と思っていたのに、それは実は狸だったとか、オウムだったなどという体験をしたことがないであろうか。ところで、そういっている自分自身は「実は――なのである」と知っているのだろうか。

一般にはそこまで突っ込まなくとも、たとえば、「私は――大学の学生です」ということで満足するのではないだろうか。特に、その大学が一流などと言われているときは、ますますそれに満足する。そこを卒業したとしても「××会社」という一流会社に就職したことでよしとする。青年の「夢」もそんなことに関係している限り無難である。アンゼルムスにしても、はじめは宮中顧問官になること、そして、パウルマン教頭の娘ヴェロニカと結婚することを「夢」にしていたのだ。しかし、今ではすっかり変ってしまった。あまりにも深い非日常性の顕現に出会ったのである。

非日常の世界はすべて好ましいとは限らない。例の婆さんはだんだんと本性を発揮してきて、アンゼルムスの行動をいちいち妨害するのだ。それに、ヴェロニカをうまく使って、アンゼルムスがゼルペンティーナのことを忘れてしまい、ヴェロニカと結婚したいと思うように仕向けてくる。これにはアンゼルムスも混乱してしまい、ゼルペンティーナのことを忘れそうになったりする。

火の精とか蛇の娘とか、子どもだましのお話には関心がないという人があるかも知れない。しかし、ヴェロニカとゼルペンティーナの二人の女性のどちらを選ぶかという葛藤は、共感できる人が多いのではなかろうか。前者は、この世の幸福につながることは明白である。しかし、後者は未知で危険に満ちてはいるが、この世の幸福を超えることを予感させる。その選択にあたって、時に強い葛藤状況をひきおこすことは、誰しもよく知っているところである。

戦い

アンゼルムスは筆写の仕事をするために、リントホルストを訪ねる。アンゼルムスは筆写に自信があり、最上の中国産の墨を使って書いた自分の書を持参するが、リントホルストはそれを見て軽蔑の色を隠さない。それに墨も悪いと言って水に漬けると、字は全部消えてしまった。アンゼルムスは完全に圧倒されるが、「わたしのところでやれば、もっとうまくゆくだろうと思いますよ」と励まされて仕事にかかる。アンゼルムスはゼルペンティーナのおもかげを心に抱きつつ仕事をすると、「わたしはあなたのおそばにいます――」という彼女の声がきこえてくる。

アンゼルムスはゼルペンティーナの愛に支えられて筆写をした。仕事ぶりを見に来たリントホルストも今度は満足したようだ。彼はアンゼルムスに話しかけた。「よろしいか。わたしは、きみが感づくよりも以前に、きみとうちの最愛の娘とのあいだにひそかなつながりの糸があることを知っていましたよ」。これに対して、例の婆さんが反対をしているが、「戦いに勝ちぬいてはじめて、より高い生活での幸福は得られるのだからね」。

ここには、よくある娘とその父のテーマがある。若い男性が恋人を見出したとき、恋人の父は若者に「仕事」を課す。それはしばしば困難なことが多く、若者はそれができずに恋を失ったり、時に自分の命さえ失ってしまう。恋人たちの愛が深いとき、その愛が支えとなって仕事は成就される。時には、女性が直接的に男性に援助を与えるときもある。

ここで、この男性にとって恋人の父は、極めてアンビバレントな存在として認識される。彼はまず己の娘を守るために、近づく若者をすべて殺そうとするような恐ろしい存在として見られる。しかし、彼は娘の幸福を願うが故に、娘の恋人を鍛え導く強力な指導者としての意味も持っている。リントホルストの場合は後者のような意味合いが強くでているが、このような一人の乙女をめぐっての二人の男性の間に生じる微妙な関係は、現在においてもよく認められる現象と言っていいだろう。もっとも、最近はこれだけの強さと知恵を持った年輩の男性が少なくなっているようにも思われるが。

リントホルストの、したがってアンゼルムスの敵の女性は魔女で、邪な黒い竜の翼からこぼれ落ちた一枚の羽と砂糖大根の恋愛から生まれてきたものであることがわかる。ところが非常に面白いことに、この魔女はヴェロニカが幼いときに世話をしてくれた乳母のリーゼばあやなのである。彼女は予言者ラウエリンとして生きているが、ヴェロニカはラウエリンの何だか怪しげな感じを嫌になりながら、それが実はリーゼばあやであることがわかると共に好意を感じ、彼女の仕事に協力しようと思うのである。

ここにも、両面性をもった人物――それは女性であるが――が登場する。リーゼばあやはヴェロニカを育ててくれた優しい女性だ。しかし、ラウエリンとなると、ヴェロニカとアンゼルムスの恋愛を成就させようとしながらも、結果的にはアンゼルムスを抹殺する側になっている。リントホルストも両面性をもっていたが、結果は望ましい人物として描かれていたのに対して、このリーゼ＝ラウエリンも両面性を秘めつつ、結局は極めて破壊的なイメージを与えられ、リントホルストとの戦いに破れ去ってしまう。

父親像と母親像（リーゼは乳母である）に対するこのような差については後で論じるとして、ともかく、リントホルストも強調するようにより高い生活の獲得のためには「戦い」が必要である。ロマン主義はそのような戦いによって成就されることを、われわれは認識しなくてはならない。このことの認識が明確でないために、日本人はロマン主義がわからない人が多いように思う。日本人が「ロマンチック」と言う場合は、多くは「センチメンタル」と言いかえた方が適切なように思われる。

母性はロマン主義の敵のようである。幼い時はそれはリーゼばあやとして育ててくれるのだが、青年となって詩の世界へ飛翔しようとするときは魔女ラウエリンとなって妨害する。したがって、それは退治されねばならないのだ。このことは、ロマン主義の精神性の優位をも示している。身体性を拒否しようとする力は非常に強力である。

ここで非常に興味深いのは、ゼルペンティーナの父リントホルスト、ヴェロニカの父パウルマン教頭は登場してくるが、二人の娘の母親は話の舞台にまったく登場しない。代って、「母性」の象徴としてのリーゼ＝ラウエリンが活躍し、結局は消滅させられるのである。

ところでロマン主義は、人間の理性よりも感情の世界、外的現実よりも夢などを重視する考えである。人間の存在の深みに降りてゆこうとするものが、母なるものを殺し、身体性を否定することなどできるのだろうか。ここにロマン主義のもつ悲劇性があり、ロマン派の芸術家に自殺などの悲劇的人生が多いことと無縁ではないように思われる。

二組の結婚

ホフマンはロマン主義の矛盾を相当に意識していたのではなかろうか。彼は分裂の苦しみにひたすらに耐えて生きてきたのであろう。ホフマンの作品が「二重構造」をもつことは、しばしば指摘されてきている。ところで、この作品で、ゼルペンティーナとヴェロニカとして示された二重構造はどのように解決されてゆくのだろう。それはやや安易とも思われるが、アンゼルムスがゼルペンティーナと結ばれると同時に、パウルマン教頭のところの書記ヘールブラントが宮中顧問官の試験をパスして、ヴェロニカに結婚を申込み、ヴェロニカはそれを喜んで受けいれる。つまり、最後のところで二組の結婚が成立することになったのである。

あれほどまでにアンゼルムスと結婚したがっていたヴェロニカは、ヘールブラントのプロポーズを受けると、これまでのいきさつをすべて話して、「わたしはもう魔法とはいっさい縁を切りました。そしてアンゼルムスさんの幸福を心から祈ります。あの人はついに緑の蛇と結ばれました。あの小蛇さんはわたしよりずっと美しく、ずっとお金持ちです。わたしはね、宮中顧問官ヘールブラントさん、誠実な妻となってあなたを愛し、尊敬してまいりたいと思っています」ときっぱりと言う。ヴェロニカはまさに自分の限界をよく知っていると言うべきである。何もかもめでたしめでたしである。

話としては、まったく完結している。これはホフマンがロマン派の作者でありながら、「現実」ということを大切にしていることを示しているものとも言える。彼がロマン派に属しつつ、その作品においても現実描写が極めて的確なことも、つとに指摘されてきたところである。ホフマンにとっては夢も現実も大切であった。そのことは、この作品において彼がヴェロニカを普通のお嬢さんとしておとしめるのではなく、敬意をもって描き、幸福な結末を与えていることにも示されている。

作品は完結している。しかし、実際に生きてゆく上ではどうすればいいのか。心のなかで、二組の結婚を完成させることだ、というのもひとつの答かも知れない。しかし、そんなことが可能であろうか。このように考えてくると、ともかく夢を真剣に追求してゆくことの困難さが感じられるが、他にも答はあるようにも思う。それに対するヒントとして、この作品のなかのゼルペンティーナもヴェロニカも一人の人間としてのパーソナリティを感じさせない、という事実がある。つまり、この二人の女性はホフマンという男性の心のなかにある女性イメージではあっても、現実に生きている女性とは異なるのだ。

この作品のみならずロマン派の文学に出てくる女性は、男性にとって素晴らしい魅力を感じさせるものであっても、女性から見るとあまり面白くない人物と思われることが多いのではなかろうか。それは生きている人間としては描かれていない。ときどき女性のなかに、男性に愛されることを願って、ロマン派の小説のなかの女性のように生きようとする人がある。確かに男性は寄ってくるし、「女らしい女性」ということになって、大いにもてるだろうが、それは自分自身を見失い破綻をきたすことになりがちである。

それではホフマンの作品はまったくのナンセンスであろうか。これまでに説明してきたように、人間の心――特に男性の心――の内界を描いたものとして傑作である、と私は思っている。道具立が古いので、現在の青年たちにはあまり魅力を感じさせないかも知れないが、よく考えると現在でも結構通じることが述べられていると思う。しかし、これまで述べてきたこととほぼ同じことだが、現代の女性の目から見ると、それはどのように見えるかについて、次に示してみたい。そこでは、夢と現実との区別が極めてあいまいになってくるのだ。

2　夢と現実

ホフマンの作品においては、「現実」とファンタジーが微妙に交錯する世界が示された。主人公のアンゼルムスは何度も「妄想」に取りつかれていると言われたり、精神病者のように言われたりした。しかし、結果としてはすべてがめでたくおさまり、アンゼルムスの体験したことは、すべて意味があったことが明らかになった。つまり、アンゼルムスの体験したことはすべて「現実」のことなのであった。

いったい「現実」とは何であろう。われわれは「現実」についてよく知っている、と思いすぎているのではなかろうか。昔の人にとっては、さまざまの天変地異をどのように理解するか、大変なことであっただろう。現在は、それらによって時に予測不能な被害を蒙るにしろ、それが地震、台風、火山の爆発などによることを知っているし、それが生じてくる経過なども理解している。そして、何よりもそのような理解は普遍性をもっている。ある人はそこに神の姿を見たのに、他の人は竜の姿を見たなどということはない。誰にとっても「現実」は同じであり、ひとつである、と思っている。

近代の自然科学の急激な発展が、このような現実認識を強化したと思われる。自然科学的な現実認識を「進歩」させてゆくことによって、人間は自然を支配できる、という考えが近代には強くなり、「夢」の方までその延長上に考えられていたが、現代ではそのような夢は破れてしまい、「唯一の現実」を認識するという考えに対しても疑いが生じてきた。現実と夢とを明確に区別して考えている間は、どうしても夢の方が分が悪い。夢は現実によって無視されるか、現実の裏打ちとして奉仕させられるか。ところが、そもそも「現実」ということが、それほど明確でなく、そこにはさまざまの現実がある、と考えはじめると、夢の方もある種の「現実」として見るべきだ、ということになる。

夢と現実とを明確に区別するのではなく、それらを同等の「現実」として見る方がいいのではないだろうか。もっとも「同等」と言っても、それをどのようにどの程度に考えるかが問題ではあるが。確かにそれらは「同じ」ではない。しかし、その重みを同等と考える、というべきだろう。このような現実認識に立つと、「青春の夢」はどんなふうになってくるのか。それを吉本ばななの『アムリタ』によって見てゆくことにしよう。

意識水準

『アムリタ』の主人公は、若い独身女性の朔美である。朔美がボーイフレンドの竜一郎と、竜一郎の友人のコズミ君と三人で飛行機に乗ってサイパンに行くところがある。「朔美」がうとうととしかけたとき、飛行機ががくんと揺れて目が覚めた。そのとき、友人の栄子が「飛びこんで来た」。つまり、「その匂い、画面、感触、すべての情報が私になだれこんで来た」のだ。「私はどぎまぎして、いても立ってもいられなくなり、頭がくらくらした」。トイレに行って何とか気持を整えて座席にかえって来ると、コズミ君は「今さっき、女の人が君のことを呼んでなかった?」と言う。「どんなひと」と訊いてみると、「うーん、よく見えない……けど、きれいな、細い人。

声が高い」と言う。「当たってる」。コズミ君は、「着いたらすぐ、電話したほうがいいよ」と言う。

「私の動揺とはうらはらに当然のことのような口調でコズミくんは言った。寒いから、上着を持っていったほうがいいよ、と言うように。」

「寒いから上着を持っていったほうがいい」ということと、誰かの幻覚を見たときは「電話をしたほうがいい」ということが、まったく同等に当然のように取り扱われている。どちらも同じ現実なのである。ここで朔美は、「このリアリティになれなくてはいけないのか」と思いを新たにする。そうだ、これがリアリティというものなのだ。

「そんな馬鹿なことあるのか」という人がある。しかし、「あるのです」というより仕方がない。いつだったか私に対して、ある人が自分の夢のなかで友人が死に、朝目が覚めるとその友人の死亡の通知があったことを話をした後で、「こんなことってあるのですか」と言われたことがある。「あなた自身があったことを話されたのだから、それはあるのです」と答えたが、これがリアリティというものである。『アムリタ』は、そのようなリアリティを書こうとしている。いわゆる夢と現実は、ともにリアリティのなかに包摂されている。

『アムリタ』では、わざわざ「リアリティ」という英語が用いられている。これは一般的な意味での「現実」と異なることを明確にしたいからであろう。朔美の体験を説明するときに、「誰かの幻覚を見たら……」という表現をしたが、これも幻覚なのではなくて、「リアリティ」だということになろう。だからこそ「すぐに電話をかける」という現実行動へとそれはつながってくるのだ。

一般に「現実」と呼ばれているものは、人間が通常の意識によって認知したものを指している。最近になって、そのような意識のみではなく「変性意識」によっても「現実」が把握され、どれが正しいなどとは言えない、と考えられるようになった。このことは既に「現実の多層性」として述べたところである。

朔美の異父弟の由男は十一歳。いろいろな超常現象を経験しやすい少年である。不登校で悩んでいる彼を連れ出して、朔美は二人で友人が高知にもっているマンションに休養に来る。そこで彼らは「恐ろしい夕焼けを見た」。「透明で、赤く柔らかで、巨大なエネルギーが、町や空気の目に見えない壁を通りぬけて押してくるような迫力だった。息苦しいほどの、生々しさだった。一日は一日を終えるとき、何か大きくて懐かしく怖いほど美しいことをいちいち見せてから舞台を去っていくのだ、と思い知った。実感した」。

これは「激しい夕焼け」だった。「じょじょにその夕焼けが去っていくとき、何ともわかれがたい気持ちとすがすがしい感謝の気持ちが混じって、切なくなった」。二人の体験した夕焼けは、その日に夕焼けを見た人たちに同じような体験をもたらしただろうか。答は否である。同じ景色を見ても、その人がどのような意識水準で受けとめたかによって、まったく異なるのだ。このことがわからない人にとって、夕焼けは一生単なる夕焼けであって、何の感動も起こらない。

このような夕焼けの描写を読むと、私は既に述べたホフマンの『黄金の壺』のなかの、アンゼルムスがはじめてゼルペンティーナのささやきを聞き、呆然として立ちつくしていたエルベ川のほとりの景色の描写を想起する。おそらく、ホフマンは『アムリタ』の著者と同様の意識水準にまで降りて、同様の「リアリティ」の体験をしたに違いない。ただ、当時の状況では、それをリアリティとして書いても通じなかったので、彼は「ファンタジー」という形式によってそれを述べるより仕方がなかったのだ。そのために、ホフマンは彼の作品のなかで、彼のファンタジーが絵空事ではなく「真実」であることを強調するのである。

意識水準の低下と言っても、それは意識がぼやけることを意味しない。意識水準の低下と意識の集中力が共存する状況にないと、超常現象の把握は起こりにくい。このようなバランスが崩れると、妄想の世界に生きることになってしまう。あるいは、不安が増大してパニックになるときもある。突然に不安発作に襲われ、パニックになった人が、自分の見る景色のなかの線という線がすべて刃物のようになって目に飛びこんできた、と言われたことがある。朔美たちの見た夕焼けは、それに近い意識水準の体験だが、パニックではなく、深い感動をもたらした。このあたりの差は紙一重とも言えるし、重大な差とも言うことができる。

「近頃の青年は夢がない」などと呑気なことを言ってはおられない。現代は夢と現実が区別をなくし、全体としてのリアリティを構成し、そのなかに生きる人間は、常に狂気の世界に陥る可能性をもっている。それを避けようとし過ぎると、安全ではあるが単調で無感動の世界に生きることになる。

二人の女性

ホフマンの作品と『アムリタ』の類似点をひとつ紹介したが、そのような目で見ると、他にも類似の点を見出すことができる。『黄金の壺』ではヴェロニカとゼルペンティーナという二人の女性の対比が、非常に大切な要素として描かれていた。『アムリタ』では、朔美とその妹の真由との対比が重要である。「真由は生まれつきなぜかすごく顔立ちが整っていて、父と母と私の誰にも似ていなかった。（中略）子供の頃なんかまるで天使の人形みたいだった」。このような容姿のために早くから芸能界にはいり、「芸能界を家庭として育つことになり、ずいぶんと前から家を出てしまっていた」。

「特別ひどい顔だというわけではないんだけれど」言わば「フツー」の女の子として家庭に育ってきた姉の朔美と真由とは、対照的な存在である。そして、妹の真由はノイローゼになって突然引退するのだが、そのときの彼女の状態がつぎのように的確に描写されている。「引退直前の彼女は顔もスタイルも化粧も服も、まるで独身男の妄想を女の形にしたみたいな状態になっていた」。「自分の弱さを、出来合いの板で次々に間に合わせの補強をしてごまかしていくうちに、つぎはぎの自我が形成されてしまったのかもしれない。ノイローゼは、彼女の生命力の叫びだったのだ」。

「まるで独身男の妄想を女の形にした」という表現は、『黄金の壺』について論じた際ロマン派の小説のなかの女性のように生きようとする人がある、と指摘したが、まさにそのとおりのことを真由がしようとしたことを示している。そして、そのように生きていると、「自分自身を見失うことになって破綻をきたす」と述べた。まさにそのとおり、真由は、「車を運転していて、電柱に激突して死んだ。飲酒運転で、その上、大量の睡眠薬まで飲んでいた」。

ところで、この小説で真由の死は、半年前に起こったこととして最初に語られる。つまり、この話のなかで真由は出る幕がない。それなら、朔美と真由の対比などと言っても、ヴェロニカとゼルペンティーナの場合のようには話が進まないではないか、と言われるだろう。ここに二つの作品を分ける重要なポイントがある。既に述べたように、ホフマンの作品の前提として、夢と現実の分離ということがある。そして、二人の女性は男性の心のなかに生じてきた女性像として分裂している。それに対して『アムリタ』では、女性の目から見た女性が描かれ、そこでは夢と現実との分離はない。そして、結論を先取りして言えば、この作品は、朔美が真由といかにして合体してひとつの女性となってゆくかが描かれている、と言ってもいいのである。ゼルペンティーナ、ヴェロニカの両面を合せもってこそ、ひとりの生きている女性となる。その女性にとって、夢と現実の境界は限りなくあいまいになってくる。

ここで二人の女性像がひとつになるためには、重要な体験が必要であった。それは、朔美が階段から落ち、頭を打って記憶を喪失し、母親でさえ誰かわからないほどの状態となり、そこからじょじょに記憶を取り戻す作業をしなくてはならなかった、ということである。いわば、これまでの朔美は一度死んで、新しい生をつくりあげるのだが、その過程の間に、真由を取り込んでゆくことがなされてゆく、と考えられる。

そのような「合体」を示す象徴的事件として、真由の恋人の竜一郎と「うっかり関係しちゃって」ということが起こる。このことを聞いた朔美の友人の栄子は「何それ！　おぼえてなかったの？　真由ちゃんの彼氏だったこと」と言い、「おぼえてたんだけどね、ほら、実感がなくて、記憶があいまいだから」と朔美は答えている。栄子は「わざと忘れてたんじゃない？　もともと気があったんじゃない？」と追究するが、「正直言って、それだけが今もわからないのよ」という様子である。

竜一郎は作家で、真由の死後は外国への旅ばかりしていた。帰国してきた彼は朔美の事故を知って驚いて病院に電話してくる。彼女は彼のホテルを聞いて病院を脱け出て会いに行く。朔美のほとんど坊主頭のような姿を見て、「朔美ちゃん、変ったね、すごく」と彼は言う。しかし、「彼もまた、私の知っていたはずの彼ではなかった」。旅をしまくっているうちに、彼も何かふっきれて、すっきりとした人間になっていた。

「そしてその後当然のことのように、部屋に上がり、泊ってしまった。それは、「長旅で女に飢えている」レベルから、「私が手術後初の外出で少し浮かれていた」こと、さらに、「もともとおたがいに興味があって、こういうタイミングを待っていて」「ほぼ別人として出会えた」「これは奇跡で、神に感謝する」という美しいレベルまでを全部包括した永い夜になった。

とにかく、いい夜であった。」

朔美・真由の結合の相手として、竜一郎という男性が必要であった。朔美と竜一郎との関係は決していわゆるロマンチックというのではなかったけれど、ここに述べられているようにいろんな要素を複雑に混合させており、そのなかのひとつとしてロマンチックなものを含んでいることは、これまで述べてきたことからも明らかであろう。

十一歳の弟

朔美が真由を取り込みつつ、自分を新しくつくりあげてゆくとき、竜一郎は非常に大切な人物であった。それとほとんど同じくらいの重みをもって、十一歳の弟の由男も朔美の仕事に協力する。一人の女性が青春を生きようとするとき、このような年齢の少年の助けを必要とするのは、興味深いことである。

由男は超常現象に心が開かれている類の少年である。彼が「面白いよ」と貸してくれた『ほんとうにあった世界のミステリー100』という本のなかに、「二人分の記憶を持つ婦人」というのがあった。朔美が読むと、テキサス州に住むメアリー・ヘクター（四十二歳）は交通事故にあって以来、自分自身の今まで持っていた記憶と共に、オハイオ州に住み、十七歳のときに死んだメアリー・ソントンという少女の記憶とを合せもつようになった、と書いてある。これを読んで夜、朔美は「おかしな夢」を見た。

夢のなかで、朔美は「空が恐ろしく青く、吸い込まれるように遠く」「生まれてから目にしたことのない、圧倒される景色」を見ていた。隣には「メアリーさん」が坐っていて、二人は話合った。メアリーさんは、もう一人のメアリーの記憶が自分のそれといかにとけあって自分のものになっているかを語る。これに対して、朔美は、「自分だけの自分なんていうものがあったかどうかわかりませんものね」と言い、「何だか自分をいっぺん死んだ人間のように思うのです」と続けると、メアリーはうなずいて、ほほえんだ。メアリーは、「こうして美しい眺めをふたつの魂が私の目をとおして寄り添って見ていると思いたくて」と幸せそうに言った。

日が照っているなかに雨が降ってきて、景色は不思議な美しさを示す。

「何もかもがきらきらと甘く見え、風景は潤い、あまりの気持よさとまぶしさに自分が泣いているのかと思ったが、天からの水分がほほをつたっているだけだった。

「単に今、全部で4人の人生が、空と地面と雲と天気雨を見ている、ということなのかもしれません。」

私が言った。静かにメアリーはうなずいた。」

この夢を朔美は「何だかわからないがとにかくありがたい」と感じる。これは、朔美が記憶を取り戻す過程で、真由のそれもとけこますことになるのを予見する夢ではなかろうか。そして、そのような夢を見るきっかけを、十一歳の少年が与えてくれているところに注目すべきだと思う。

由男はいろいろな超常現象にかかわりが深く、幻聴がきこえてきたりする(そもそも「幻聴」などと言えるのかどうかも問題だが)。ともかく、誰かの声がきこえてくる。そんなわけで、学校の普通の勉強が面白いはずがなく、不登校になっている。姉の朔美は弟に同情し、彼の心を癒そうとして、友人のもっている高知のマンションに出かけてみたり、竜一郎と一緒に行ったサイパンにまで呼び出したりする。しかし、不思議なことに、癒そうとする側が知らぬ間に癒される側になっていることがよくある。と言うよりは、深い癒しの場合は、このような相互作用がはたらくものなのだ、と言うべきだろう。由男を連れ歩いているうちに、朔美の方も彼によって癒されているのである。朔美が真由を「回復する」過程において、由男は重要な役割を演じている。

由男は朔美に真由が竜一郎の子供を「ふたりおろしてたこと」を知っていたかと訊く。朔美はそんなことをどうして知っていたのかと驚くが、由男は「夢で見た」と言う。夢で真由と会ったのだ。夢のなかで、真由は楽屋にいた。由男は「懐しくて真由にさわりたかったけれど、さわれなかった。その透けそうな白さと笑顔が神々しくてこわかったし、夢の中なのに真由が死んだことを知っていた」。真由は由男にやさしく接し、うまれなかった子供がふたりいる、くやしいのはそれだけだということを朔美に伝えて欲しいと言う。そして、自分は「急いだだけ。あとは誰も悪くない」「由ちゃんも早熟だから気をつけて、私みたいに急がないで」と忠告する。彼女はまた「実際生きてるとわかんなくなっちゃうけど、楽屋にいるとよく見えるの。空が青いのも、指が5本あるのも、お父さんやお母さんがいたり、道端の知らない人と挨拶したり、それはおいしい水をごくごく飲むようなものなの。毎日、飲まないと生きていけないの。何もかもが、そうなの。飲まないと、そこにあるのに飲まないなんて、のどが渇いてしまいには死んでしまうようなことなの」と非常に意味深いことを語る。

真由は超能力をもった由男を通じて、朔美に多くのことを伝えてきたのだ。「うまれなかった子供がふたりいる。くやしいのはそれだけ」という伝言は、朔美に竜一郎の子供を是非生んで欲しいという願いであろう。彼女はまた一般に外的現実と呼んでいることを「毎日、飲まないと生きていけないの」と言っている。それらを内にとりいれ自分のなかで消化してゆかねばならない。このような言葉をきくと、一般に、外界と内界、夢と現実などと区別している境界が極めてあいまいになってゆくのを感じる。そのようななかに、現代の青春はあるのだ。

頭を打つ

かつての青春は、現実と夢とを明確にわけ、その夢をいかに現実化してゆくか、というところに意義を見出そうとした。しかし、この方法はどうもあまりうまくゆかないことがわかってきた。現代の青春は、夢と現実の区別があいまいになる。その両方をリアリティとして受けとめて、そのなかに生きることが大切となる。そのときに、『アムリタ』の場合、その生き方の導き手として十一歳の少年が登場しているのが興味深い。これは、言ってみれば、自分の「内なる少年」でもいいのである。ともかく、十歳頃の子どもというのは不思議な存在である。すべてがそうだとは言えぬが、この頃のある種の子どもたちは、青春と共鳴するものをもっている。

十歳頃の子どもについては、ここではあまり論じる場ではないので簡単にする。しかしこの頃の少年は由男のように、死について恋について青年も顔まけするようなことを考え、青年期の不安を先どりして、そのままに感じとったりする。真由は現実を「毎日、飲まないと」と言ったが、それの裏がえしが既に述べた拒食症であると言っていい。内への取り入れを頑強に拒絶している。このようなノイローゼは十歳頃から既にはじまるのである。

朔美は「頭を打つ」ことによって、記憶を失い、それを再構築することを迫られた。しかし、このことによって、彼女は忘れられていた過去にもかえって接近しやすくなったのではないだろうか。したがって、十一歳の弟とも非常にうまく波長が合ったのだと思われる。朔美もおそらく、由男と似たような十歳頃の不安の体験をしたのではなかろうか。

朔美が竜一郎との関係を深めてゆくためには、竜一郎の友人のコズミくんと、その奥さんの「させ子」というカップルを必要とした。ここにも二組のカップルというテーマがある。この二人はサイパンに住んでいる。先に紹介したが、朔美がサイパン行の飛行機の中で経験したように、コズミにとっては超常現象は日常茶飯事であり、それは妻のさせ子にとっても同様だ。竜一郎と朔美はサイパンに行き、コズミ夫妻の異能ぶりに驚かされる。

コズミ夫妻は霊の世界に住んでいると言いたくなるようなところがあるが、他方、つまらない痴話喧嘩もする。朔美は呆れて、「霊的に高尚なのか、普通の新婚なのか、忙しい人達ねえ」と言う。つまり、単純な二分法は通じないのだ。夢と現実がいり混じるように聖と俗も混在しているのである。

夢と現実、聖と俗などのいり混じる青春を味わうためには、意識の水準を相当に深くすることが必要だ。通常の意識の体験だけでは、そのようなことは理解できない。朔美はそのような深い意識水準の体験をするために、妹の死と階段から落ちて頭を打つ、という大変なことに出合わねばならなかった。朔美の深い体験の背後には死が存在している。少し誤ればあちらの世界に行くような境界を歩み続けることによって、朔美は現代の青春を生きたのだ。朔美がはじめてさせ子に会ったとき、させ子は「あなたは、半分死んでるんだわ」と言う。朔美は「かちんときた」が、させ子は「悪いことではない」と言い、「いつか半分死んだことで、あなたの残りの機能が全開になったのね。生まれ変ったのよ。ヨガの人達が一生かかってやるようなことよ」と言う。朔美のもっている機能を「全開」させるには、「半分死ぬ」ことが必要なのだ。

死と無関係に生きることは安全である。しかし「安全な青春」などというものがあるだろうか。それでは何も面白くない。と言って誰かの死を体験することも、自分が頭を打って半分死ぬことも不幸であることには変りはない。まかりまちがえばそれは破滅に通じることである。しかし、何らかの不幸や危険なしに意義深いことが成し遂げられることはない、と言えるのではなかろうか。したがって、『アムリタ』の最後は次のような言葉で終っている。
「頭を打つのもまた、いいものだった。
そう断言しよう。」

＊　＊　＊

最近、東京の原宿あたりを歩いていると沢山の人だかりがしている。好奇心を出して覗きに行くと、若者たちが棍棒のようなもので頭をなぐり合っている。「今時、内ゲバの戦いでもあるまい」と思って見ると、確かに青年たちの表情が違う。あの内ゲバのときの敵意をむき出しにした顔とはまったく反対に、平和そのものとでも言いたい顔でなぐり合っている。「昔は、たけのこ族というのがいましたが、最近はバナナ族ですね」と見物の一人が、これも柔和な顔をして言っている。

まわりを見ると、沢山の幟が立っていて、「青年よ頭を打て」と書いてある。英語の幟もあって、そこには、"Boys be amritious!" とある。これで私も様子が飲みこめてきたが、若者たちの頭の打ちようがあまりに激しいので心配になってきた。至福の表情をしながら、頭から血をタラタラ流している者もいる、私はたまりかねて、「君たち、頭を打つのはいいが、棍棒で打つのはあんまりだ」と、止めさせようとした。

若者はジロリと私を見て、「これは棍棒じゃないよ、サイパン島にゆくとアムリタという大木のバナナがあり、それでつくってあるのだ」と言う。私はそれでも止めさせようと思い「アムリタなんかではなく、アキレタを使いなさい。アムリタは木で出来ているが、アキレタは気でできているので危険性が少ない。そんなことをしていると、キが違ってしまう」と大声で叫んだ。

私は自分の大声に驚いて目を覚ました。『アムリタ』をあまり熱心に読んだので、それが私の夢にはいってきたらしい、せっかく夢にはいってきてくれても、受け手が悪いと変な夢になるものだと思った。私も少し頭を打つといいのだろう。

3　夢を生きる

夢という場合、夜見る夢をどう考えるといいのだろう。一般に「青春の夢」などと言うときは、覚醒している状態で、自分の将来についての漠とした希望や願いをもつことを言っている。あるいは、時にそれは非常に明確なことであっても、それを実現する方法となると何もきまっていない、というときもある。そのような「夢」と夜見る夢とは関連はあるが同じではない。夜見る夢の方は意識水準が覚醒時より深くなっているが、一般には、覚醒時の意識とは簡単につながらないので、さっぱり意味がわからない、というのが実状である。しかし、夢を取りあげ正面から取組んでみると、あんがいその意味が明らかになるときもある。

筆者は心理療法において、夢分析を主な技法として用いているので、青年の夢を聞くことも多い。しかし、夢分析のこととなると、あらためて多くのことを説明しなくてはならないので、本書においては全体の流れのなかで関連してくると思われることについて、ごく簡単に述べることにする。

夢の意義

朝起きて夢を覚えていても、まったく荒唐無稽に思われることが多い。しかし、既に述べてきたことの延長として、夢もひとつの現実として大切にしてみてはどうだろう。

ひとつの例をあげてみよう。ある青年は父親と子どものときによく釣に行ったのだが、大学生になってから夢で、父親と一緒に釣に行った。「ここでは魚を釣ってはいけない」と立札の出ているところで父親が釣ろうとする。立札を指さして注意するのに、父はそれを無視して平気で釣ろうとする。

この夢を見た学生は、父親を尊敬している。父親はやさしいが厳しい人で、禁漁の立札を無視したりは絶対にしない人である。子どもの頃、釣に連れて行ってくれたときなど、父親に釣のことをいろいろと教えてもらって父親を「何でもできる人」のように感じた。夢のなかで父親が禁止を破って行動しているのが腑に落ちない。

実は夢分析をするときは、夢についてのみならず、その人の当時に考えていること感じていることを聞くことが大切である。その人の通常の意識の状態について知ることが必要なのである。ところでそのような話を聞きながら、この青年が自分の父親を能力があり、不正を嫌う人として尊敬している、というのも現実なら、その父親が不正をはたらくという夢も現実として考えてみてはどうだろう。ここで大切なことは、どちらが正しいのかをすぐに決定せず、矛盾した事実を矛盾したままで、しばらくかかえていることである。

現実の多層性ということは既に何度も述べてきたところである。ここで、父親が不正を嫌う人だという現実のみを認めると、夢はナンセンスのこととして棄て去られてしまう。また、時に「夢好き」な人が犯す誤りのように、この夢から判断して「父親は本当は不正な人間だ」などと断定してしまうと、それは夢のみを現実として認めることになる。そのいずれにもくみすることなく、矛盾に耐えていると、いろいろなことが見えてくる。

まず、自分は父親を尊敬するあまり、父親と同一化してしまって、父親の考えや行き方をそのまま真似ようとしていなかったか、という点が反省される。「正しく生きよう」と思ってきたが、その「正しい」ということの根拠をもっと疑っていいのではなかろうか。正しいと思ってしていることが、あんがいそうではないかも知れないし、不正と思われていることにも意味があるかも知れない(ともかく、父親は平気で禁止を破っているのだ)。こんなことを考えていると、単に父親をどう考えるということを超えて、世間一般の道徳観に対する疑義にまで広がってくる。

こんなふうに考えてくると、この学生は、これまで父親の意見をすべてそのまま聞いていたが、これからは少しそれと異なる自分の考えを言うようになるかも知れない。あるいは、これまでは「不正」として見向きもしなかったことに意味を見出して、少し手をつけることになるかも知れない。もちろん、これらのことには困難な危険を伴うので、少しずつやってみては周囲の反応や、自分のそれ以後見る夢にも注目し、それを基に再考してゆく。このようなことを「夢を生きる」と私は呼んでいる。

つぎにもうひとつ、アメリカの二十五歳の男性の見た夢を示す(ヘンダーソン『夢と神話の世界』浪花博・河合隼雄訳、新泉社、一九八五年より)。

「私は大きなフットボール競技場にいる。そこにはまったく誰も姿が見えない。私は立ち去ろうとして、斜めの通路を下りて行く。そして、ほっと溜息をつく。」

これは青年期を終ろうとしている人の見る典型的な夢である。この夢のなかの競技場は学生のころ大学対抗のフットボールで熱狂的な応援をしに行った所である。スポーツの応援に熱中するとき、誰しも「母校」というのを身近に感じるし、自分のアイデンティティが母校によって支えられていることを実感する。しかし、夢のなかではそこには誰もいないし、自分もそこを立ち去ろうとしている。夢は、夢を見た人のアイデンティティが、大学という集団によってはもはや支えられず、孤独の道を歩むこと、あるいは、新しい集団を探し出さねばならぬことを告げている。

ここで「夢を生きる」ことをしようとするならば、この人は自分は「××大学の卒業で」などということによりかからず、自分の力で新しいアイデンティティを探索する努力を払うことになろうし、そうなるとまた、夢も新しいメッセージを送ってくるのである。事実、引用した書物にはその方向性を示す続きの夢が紹介されているが、それは省略しておこう。

以上、非常に簡単な例を二例示したが、このようにして夢を受けとめてゆくと、夜見る夢もなかなか大切な意味をもってくる。

ここで注意すべきことは、夢の内容を文字どおりそのまま正しいこととして受けとめないことである。そのような場合も時にはあるだろう。しかし、現実の多層性という点からわかるように、夢は極めて多義的である。そのような多義性に耐えて、そのなかから真に自分自身にとって意味深いものを取り出してゆく訓練を必要とする。

たとえば、『アムリタ』のなかで、コズミとさせ子は初対面のとき、彼らは既に夢のなかで会っていたことに気づいて、それが縁で結婚する。この組合せはなかなかうまくいっているようだ。しかし、夢で会った人に実際に会って、この人こそと思って結婚しても、その後うまくいってない例もある。夢のメッセージを受けとめることは、なかなか難しい。しかし、考えてみるとこれはむしろ当然で、実際生活でわれわれは他人がいろいろと「いい話」をもってくるのを全部信じたり、それに乗ったりせずに、よく検討してから判断している。夢の場合も、それと同様と思えばいいだろう。

青年たちの夢

青年たちの見た夢で印象に残った例を少しあげてみよう。これは既に他に発表したものであるが、ある女子学生の見た夢である。この人は非常に厳格な家庭に育ち、性に対するタブーの非常に強い人であった。ところが、幻聴がきこえてきて、近所の人たちが自分のことを「いろきちがい」などと言っているのがわかる。それでたまらなくなって来談した。夢分析を何回か続けているうちに、つぎのような夢を見た。

「一人のお姫さま(自由奔放な人)が主人公であった。おつきの人が制止するのに短いスカートをはいたりする。シーンが変って、私が自慰をしたことがとってもいけない、ということ。Aさん(男性)に私が追いかけられるなどということがあった。またシーンが変わって、最後にお姫さまは恥ずかしがって自殺をした。」

ここでも『黄金の壺』や『アムリタ』について論じたときのように、私と王女という二人の女性の対比が見られる。王女の自殺は『アムリタ』における妹の死とパラレルである。ところで、この夢を見た人は、夢の中で、お姫さまは結局自分自身であるような気がしたと言った。つまり、二人の女性の隔壁は薄く、二人は同一人物かもわからない。このことは『アムリタ』で死んだ妹の真由は結局は姉の朔美に取りこまれてゆくと述べたことに相応している。

この夢に出てきたお姫さまは、夢を見た人のそれまで出来なかった自由奔放な生き方をする人として登場している。その間にエピソードとして、本人が男性に追いかけられたり、自慰に対する罪悪感を感じたりするところが出てくるが、お姫さまは「恥ずかしがって自殺する」のだから、このエピソードは本人のことかお姫さまのことかあいまいになってきている。このようにして両者の融合がなされていくのであろう。そして、夢のなかでのお姫さまの死によって、本人はその自由奔放さを少しとり入れた女性として成長してゆくことが期待される。

次に、もう少し年輩の大学卒業後就職して専門的な仕事についている二十歳代後半の女性の夢を示す。

「テーブルの上に何か道具の置いてある実験室。他にもいろいろ機械がある。私(男性で実験の指導者、白衣を着ている)が入っていくと、一人の女子学生が私に納得の出来ないところがあると言う。二人で話合う。最初はあまり乗り気でなかったが、結局最後は実力だけだから対決したら(?)ということになる(言葉はきついがそんな感じはない)。彼女と握手する。いつの間にか彼女が私になっており、私は何とも言えない感動に胸があつくなりながら、先生と握手する。」

これは女性が男性との肯定的な関係をつくりあげる感動的な夢である。男女が関係を築くためには、他を理解することが大切だが、そのためには異性の立場になってみることも必要である。この女性は夢のなかで男性になり、何か「納得のいかない」気持をもった女性と対決することによって、関係を深めている。夢のなかでは、異性になったりできるところがその利点である。

最後に、青年期に見た夢が、その人の人生を方向づけたと言っていいほどの夢を紹介することにしよう。京都の愛宕念仏寺住職で、仏教美術についての多くの著作もある、西村公朝が青年期に見た印象的な夢として自ら語っているものである(『千の手千の眼』法蔵館、一九八六年)。

昭和十七(一九四二)年に、日本軍の兵士として中国にいたとき、西村は漢口から長沙に向かう夜行軍に加わっていた。疲労の極みのなかで、彼は歩きつつ眠っていた。その間に次のような夢を見た。

「私の右側に、破損した仏像が何百何千と、実に悲しそうな表情で一列に立ち並んでいます。その前を私は歩きながら、その一体一体をみつめています。そこには阿弥陀如来や薬師如来、千手観音や地蔵菩薩、その他いろいろの仏像が、手足の無いもの、頭や体部が割れているもの、それは哀れな姿となって、お互いが倒れようとする身体を、寄りそっているかの様子でした。私は無言で何百体かをみました。しかしその先には、まだまだ何百何千体といるように見えたのです。そこで私は、歩きながら、その仏像たちに次のことを言いました。

「あなた方は、私に修理をしてほしいのなら、私を無事に帰国させて下さい」

ここで私は夢からさめたのです。隣りの戦友は、私に寄りそうようにして、眠りながら歩いていました。何故か、心に安心感が沸き上ってきました。この時の仏像の姿と、何かわからない喜びのような感情は今も忘れられません。」

この夢を見た後、終戦までの三年半、西村は中国に留りながら、一発の弾も撃つことなくすごすことができた。彼は東京芸大で彫刻を学んでいる学生だったので、終戦時に帰国後その才能を生かし、仏像の修理に専念した。そして、その後に僧職についたのである。彼はまさに自分の夢を生きることによって、自分の人生を切り拓いてきたと言えるのではなかろうか。

彼の夢に見た破損した仏像は、身も心もボロボロになりながら行進を続けている彼の戦友たちとも言えるし、戦争によって相手を傷つけているうちに、自分の魂を傷つけることになった日本人たち、と言うこともできるだろう。西村が帰国後行なった仏像の修理は、傷ついた日本の多くの魂の癒しに通じる仕事であったと言えるだろう。それにしても、これは素晴らしい夢である。その夢を生きるための西村の努力はもちろん大変なものであったと思われるが。

以上、少しの例によって、夜見る夢も、相当に意味をもつことを了解していただけたことと思う。そして、その夢を生きることは、理想や願いとしての夢の場合とそれほど異なるものでもないこともわかったであろう。いずれにしろ、この多層的なリアリティを生きることが、青年にとっての大きい課題であることが認識されたことであろう。

第四章　青春の遊び

青春を謳歌する、というとき、自分という存在全体の若々しい在り方を歌いあげることを意味している。仕事のなかでそれができる人は、非常に幸福な人である。しかし、仕事というものは一般に制約されることが多いので、なかなかそうはいかない。特に若い間は年上の者によって管理される場合が多いので、なおさらである。とすると、遊びの場の方が青春を謳歌できる機会が多いのではなかろうか。

青年期は自分の心も身体も外に向かって拡大してゆこうとする力と、内に向かって求心的にはたらこうとする力とが共存している。その片方のみが強く意識される人もあるし、その強い葛藤状態にまきこまれてしまう人もある。そのような状態に関連して、その人の遊びの様相も随分と異なるものになってくる。遊びも一人で楽しめるのもあるし、集団で楽しむのもある。体力が大いに関係するのもあるし、まったく関係しないのもある。それらの遊びは青年の状態によって選択されていくし、逆に遊びの性格によって、青年の側から引き出されてくるものも異なってくる。青年期の遊びの種々相について考察してみたい。

1 遊びの意義

遊びは仕事と対比して考えられる。一般的な考えとしては、仕事の方が遊びより高く評価される。「遊び人」という言葉には軽蔑の気持がこめられている。もっとも、われわれの子どもの頃は「よく学び、よく遊べ」というのがあった。しかし、多田道太郎によると「タテマエとしては、勉強が主であり遊びは従である」のだろう。多田の『現代風俗ノート』(筑摩書房、一九九四年)にはその証として、明治二十七(一八九四)年刊の『尋常小学読書教本』巻四の次の言葉が引用されている。「人は幼き時より、ひまを惜みて、勉めはげみ、其のかたはらには、また色々の遊をなして、からだと心とをやしなふべし」とある。勉強の「かたはら」に遊びをする、というわけである。

このような一般的な考えに対して、遊び本来の意義を堂々と主張したのが、周知のように、ホイジンハの『ホモ・ルーデンス』(高橋英夫訳、中央公論社、一九七一年)である。これに対してカイヨワの批判があるが、これらを勘案して、次に簡単に仕事と遊びの関係についての考えを述べ、それを手がかりとして、遊びの意義について広く考えてみたい。

仕事と遊び

既に述べたように一般的には、遊びは仕事に対して第二義的に考えられていた。したがって、遊びについても、「休養説」とか「生活準備説」、「余剰エネルギー放出説」などという論があったが、いずれも仕事を主たるものと意識して考えられている。このような諸点があることも否定できないが、やはり、ホイジンハが『ホモ・ルーデンス』によって主張したことは、遊びの第一義性を明確にしたものとして画期的なことと言うべきである。

ホイジンハは、それまでの仕事第一義の考えを根底から覆し、「文化は遊戯のなかに始まる」と主張する。確かに人間の営むことのなかで「文化」と呼べるものは、遊びから始まっていると言われると、なるほどと思われる。「文化」というものは、生きることとの最低条件から見ると余計なこととも言えるわけだ。しかし、そのような余計なこととしての遊びがあってこそ、文化も生まれるのだから、ホイジンハが遊びは「いかなる文化よりもさらに根源的」というのもうなずける。

このように考えると、真の文化は何らかの遊び内容をもたぬかぎり存続していくことができないということになる。そして、ホイジンハは十九世紀以降、社会生活の組織化が進むにつれて、遊びの要素が喪われ、マジメ傾向が強くなっていくので、そこに現代文明の危機が存在する、と警告する。確かに、後にも論じるが、現代は「効率」の時代なので、遊びも「効率よく」などと考えはじめると、ホイジンハの述べているような意味での「遊び」ではなくなってくるかも知れない。レジャーなどと言っても、上手に「組織化」されて、そこにアソビがなくなる、などという変なことも起こってくる。

遊びは「あらゆる文化よりも古い」と主張するホイジンハの主張は、それまで貶しめられていた遊びの価値を一挙に引きあげたものとして画期的であった。これに対して、カイヨワはその重要性を高く評価した上でホイジンハの説に対して次のような批判を加えている。それはホイジンハの説のなかで、遊びの概念に、遊びと聖という異質なカテゴリーに属するものが混在している、というのである。カイヨワの『人間と聖なるもの』(せりか書房、一九六九年。改訳版、一九九四年)によって、彼の考えをごくごく簡単に紹介する。

カイヨワによると、遊びと聖はともに日常性と対立する点では共通しているが、その対立の仕方はむしろ逆になっている。聖は超越存在にかかわるものとして、そこに行われる儀礼は細目に至るまで前もって決められており、細心の注意をもってそれを行わねばならない。聖は儀礼によって引出した超越的な力によって日常を支配している。たとえば、古代であれば神託によって戦争の仕方や、中止することまでが決められる。これに対して、遊びは儀礼のように細目まで決められていない。自由で気楽なものである。実際生活のほうが重要になると、それは遊びの世界を簡単に壊してしまう。会社の昼休みに、どれほど遊びが面白く、クライマックスに達していても、始業のベルが鳴るとやめねばならない。

カイヨワの考えによると、聖と遊びの二つの領域の中間に俗(日常の世界)が存在している(図参照)。つまり、この三者は一種の階層的構造を有している。そこで、勢力の強さという点では、上から順番になっているが、その世界に参与する個人の自由という点から見れば、下からの順で逆になっている。このカイヨワの意見は妥当と感じられるところもあるが、ホイジン

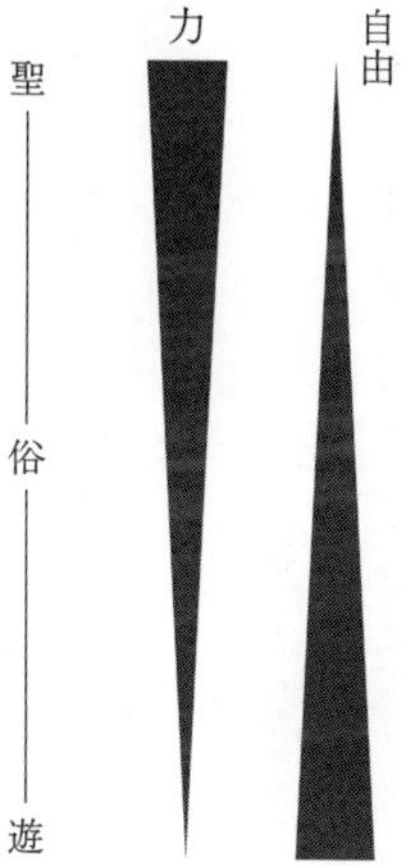

聖・俗・遊の階層構造(カイヨワ)

ハがせっかく指摘した遊びの本質が、遊びと聖ということで切断されてしまった感を受ける。この点を踏まえて、カイヨワの考えを次のように変えてみてはどうであろうか。

聖・俗・遊の円環構造

遊びの場合を例にとって考えてみよう。カイヨワは、俗の方が遊より強力であると言っている。しかし、遊びのために仕事をサボルことはないだろうか。オリンピックで地元出身の選手が活躍している。仕事を放り出してテレビを見ることは、ほとんど公認となっていないだろうか。聖は俗を支配するとカイヨワは言っているが、国家権力や富豪などの力が聖なる世界に支配的な力を及ぼすことはなかっただろうか。それらは例外であると言うにしては、例が多すぎるのではないだろうか。このような点をいろいろと考えていると、カイヨワのいう階層構造は、それほど明確ではないように感じられる。

特に「現代」という時代は、このような階層構造を極めて曖昧にしている、と言っていいかも知れない。実際に人々が生活している状態を考えてみると、この感をますます強くするのではなかろうか。たとえば、あるビジネスマンは、書類の書き方など形式を厳しく守り、部下の少しのミスをも許さないのだが、親の法事など、別にやかましく言うほどのこともない、家族の誰かが代りに出席すればいいだろうと思っているし、法事の「儀礼」にしても、厳しく定められてはいない、などということになる。このようなことから、次に述べるような事実とを考え合せ、聖・俗・遊の円環構造を考えてみてはどうであろう（図参照）。これらはいろいろな意味で極めて相互交流的であり、相互滲透的である。聖なる世界の儀礼が遊びとなって行くことは数多くの例がある。そもそも角力というのも最初は宗教的な儀礼から発している。オリンピックもそう言っていいだろう。子どもの遊びのなかに昔の儀礼の片鱗が残っていることも、つとに指摘されている。また、仏僧がお布施の高さによって戒名を考えたりするときは、聖の世界は限りなく俗の方に接近する。「庭の観賞は宗教行為であるか」などということは、日本人の宗教性を考える上で重要な問いであると共に、「税金をいかにして逃れるか」という極めて俗な領域にも直結している。

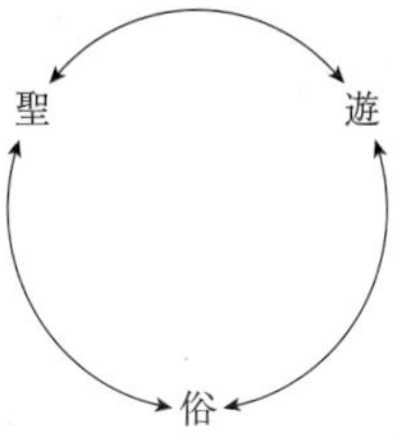

聖・俗・遊の
円環構造

　遊びの世界も同様である。現代は遊びを職業とする人が出現し、しかもその地位も高くなったことが特徴的である。その最たるものは「芸術家」である。芸はもともとすべて遊びであったが、それが「芸術」に高められ、職業となることによって、俗世界の仕事として、高い地位をもつようになった。また、多くのスポーツも職業として成立するようになった。現代では儀礼による聖なる世界への参入があまり信頼されていないので、遊びを通じて聖に至る道が非常に重要になってきた。芸術による感動は宗教性を呼び起こすことがあるし、スポーツによる感動も宗教的と呼んでいい場合もある。本人はそれを意識しているかどうかはともかく、プロ選手の名技に心を打たれ熱狂するのは、宗教性に接近してくる。そんなこともあって、プロ・サッカーの選手がシュートした後で「××ダンス」と言われるような「儀礼」を行うこともある。これは細部までちゃんと決められた行為で、カイヨワの定義によると「遊び」ではなく「聖」に属することになるだろう。

俗なる世界の仕事もまた、二つの領域に接近してゆく。欧米に比して日本では特に、仕事が聖なる世界に接近する傾向が強い。自動車の部品ひとつを作るにしても、規格と寸分の違いもなく作るのみならず、できる限りよいものを作ろうとする態度には、宗教的なものが感じられる。いわゆる「職人気質」と言われる態度のなかには利益を度外視しても、自分の心に決めた規準を守る、という意味で儀式に等しくなってゆくのが認められる。また、仕事を遊びとしてしている人も沢山いる。別にお金が儲からなくともいい、好きでやっているのだとか、「道楽」として仕事をしている、と言う人もある。

このように考えてくると、聖・俗・遊は階層的に見るよりも、円環的に捉える方が実状に合っているし、特に現代における遊びのもつ潜在的な宗教性を考える上で、有用ではないかと思われる。これは、おそらく一神教の神の存在を強く前面に押し出すときは、階層的構造になるが、そうでないときに円環的な様相を呈してくる、とも考えられる。したがって、わが国ではもともと円環的構造が顕著であったが、欧米においては一神教の神のイメージがだんだん弱くなるにつれて、円環的構造が顕われてきた、とも言うことができる。

さまざまの遊び

遊びにもいろいろな種類がある。先程の考えによると、限りなく仕事に近い遊びもあるし、限りなく儀礼に近い遊びもある。身体を用いるもの、身体を用いないもの、個人でするもの、集団でするもの、勝負の明白なもの、勝負と関係のないものなどと、いくらでも分類できる。また、カイヨワが遊びの原理として、(1)競争、(2)偶然、(3)模擬、(4)めまい、の四つを立てたことは周知のことであろう。これらの原理の組合せによって、いろいろな種類の遊びが生まれてくる。

青年の遊びでひとつ注目すべきことは、それは必ずしも「楽しい」からしていると は限らないことである。もちろん、スポーツなどで強くなるための苦しみというのが あるが、それは本人が求めてしているものである。ところが、こんな苦しいことはや めた方がいいと思いつつやめられない遊びというのもある。たとえば、ある青年は 「パチンコなどしていて何も面白くない。早くやめて家へ帰った方がいいと思いつつ やっている。いわば、パチンコを苦しむためにやっているみたい」と言う。どうして こんなことが起こるのだろう。時間とお金を使って、ただ苦しんでいるだけ、という わけである。

多くの場合、このような遊びを苦しんでいる人は、ほんとうになすべきことをある 程度意識しながら、そこから逃げている場合が多い。前述の青年は、「家に帰っても 何も面白くない」と言い、家が面白くないので仕方なくパチンコをしているのだと嘆 いていた。しかし、そのような嘆きにこちらが耳を傾けて聴き続けていると、家が面 白くないというのがもっぱら母親に対する不平不満に変わり、とうとうその母親と対 決することによって、状況を変化させ、パチンコに苦しむ必要はなくなった。結局の ところは母親から自立してゆく仕事が困難なので、それをうすうす感じつつ逃げていたのである。

この青年が、「先生、パチンコでもほんとに楽しんでやってる人は、偉い人やと思います」と言ったが、これは名言だと思う。何であれ、それを本当に楽しむということは意味あることだ。この青年は、「見ていると、パチンコを苦しんでいる人も多いように思えます」と言っていたが、そうかも知れない。堅い道徳観から見れば「悪」と見えるようなことでも、青年に対して私は「あなたが、それが本当に好きで楽しいのなら、やってみては」と言うことがある。そして、その人にとって意味のないときは、その楽しみも長続きがしないようである。

パチンコを苦しむなどという範囲をこえて、破滅型と言いたいような青年期の遊びがあるが、これについては宗教性との関連で次節に論じることにしたい。

遊びについて考えるとき、もうひとつ無視できないのが、機械類のアソビという概念である。車軸とその軸受けは、その直径があまりピッタリだと、固すぎて回転しない。そのときの車軸と軸受けの直径の少しの差をアソビと言っている。このアソビが大きすぎると、今度は軸がガタガタして回転が悪くなる。適度なアソビが運動を円滑にする。

人生を円滑にすすませるには、このようなアソビも必要である。このような「アソビ」として思いつくのは、会話の際のジョークである。話の内容とは関係ないし、無駄と言えば無駄だが、このアソビによって会話がスムースにすすむ。このようなジョークは欧米人に比して日本人は下手であることがつとに指摘されていたが、最近の青年たちは相当にうまくなったと思われる。これからは国際的な交流がますます激しくなるので、日本の青年のジョークの才能はもっと磨かれる必要が生じてくるだろう。

アソビとしてのジョークはわかりやすいが、冗談は時に普通には厳しくて言えぬ真実を語っていたり、何気なく言ったジョークからまったく新しい考えがひらめいてきたりするときもある。こうなると、ジョークが単なる「アソビ」を超えて、次元の異なる真実に至る道としての意味をもってきたりする。ともかく、遊びというものは価値の極めて低いものより高いものまで含んでおり、しかも、低いものが高いものに通じたりする逆説を含むので、いずれにしろ一筋縄で議論をすすめられないのである。

遊びはカイヨワによると聖なる世界とかかわる儀礼からもっとも遠いものと考えられているが、後に円環構造として示したように、この両者に秘かな関連があるところが興味深い。すべてを合理的に効率的に考えて、極めて割切った態度で生きていた青年の研究者が、強迫症状に悩まされはじめた。家を出るときに、火の元や電気のスイッチなどを確かめないと外出できない。自分でもこんな馬鹿なことはないと思うのだが、電気をつけたり消したりして、消したことを確認する動作を何度も繰り返さねばならない。これほど不合理で非能率的なことはないと思うのだが、やめられない。やめると強い不安に襲われてしまう。

このような強迫行為は儀礼とそっくりである。そのこと自体は意味はないが、それをちゃんと決められたとおりにしなくてはならない。これはまた、仕事とは関係のない無駄なことだが、これをしないと仕事がすすまないという意味では「アソビ」に似ている。結局は、この青年の合理的で効率的な生き方があまりに一面的なので、このような儀礼ともアソビとも言えるような不思議な行為をしないと、自分の自我を守ることができないことを示している。このような症状は、したがって彼にとっては生きてゆくために必要なことなのである。彼はもちろん宗教などということは否定しているのだが、彼の症状は彼の潜在的な宗教性を暗示している。このような点が、遊びを広く考えると興味深いこととして浮かびあがってくる。

2　遊びと宗教性

既に述べてきたように、遊びは思いの外に宗教性をもっている。たとえば、『古事記』上巻の天若日子の死んだときの叙述を見てみよう。天若日子が死んだときに、彼の父や妻子などが集まり喪屋を作り、「日八日夜八夜を遊びたりき」と記されている。おそらく八日間の連日連夜、歌舞などを行なったのであろうが、これは明らかに宗教的儀式である。死者の霊を弔うか、あるいはけがれを払う意味合いでなされたのであろう。そもそも当時は「遊ぶ」という動詞そのものに宗教的な意味合いがこめられていたのではないかと思う。

近代になって、遊びが聖からも俗からも分離したのではあるが、聖の存在が稀薄になるにつれて、遊びが無意識的に宗教的意味合いをもつようになってきたものと思われる。この点は、あまり意識されていないために、歪んだ形であらわれることも多いようだ。青年期のことになるべく限定して話をすすめたいが、このような傾向は現代という時代の傾向であるので、やや一般論的になるところもあるだろう。

青年期の宗教性

いったい宗教性とは何であろうか。筆者がここで取り扱おうとするのは、個々の宗派のことではない。人間に根源的に備わっている、自分という存在を超えたものに対する深い畏敬の感情について考えようとしている。人間は死ぬべき存在であるし、そのことをよく知っている。しかし「自分自身の死」について、自分の人生観、世界観のなかにそれを定位づけることは容易なことではない。「死ということ」を知的に理解することは出来る。しかし、自分の死は生きている間に経験できない。にもかかわらずその存在を無視できないのだから、人間にとってそれをどのように自分の世界観に組みこむかは大変なことである。このことを解決しようとして古来から多くの宗教が生まれてきた。それぞれの宗教は、そのためにそれぞれの教義や儀礼や戒律などを生み出してきた。

近代になって自然科学の知が急激にすすむと、それによって宗教の教えに疑いをもつ人が多くなった。既成の宗教の教えはそのまま信じ難いものが多いのである。天国や地獄の実在を信じるのは、現代では難しくなっている。その上、近代の科学・技術の発展は人間が「いかに生きるか」という点で、予想外の貢献をした。このまま科学が発展すると、人間はいつまでも快適で便利な生活が続けられるのではないかと錯覚するほどになった。

青年期は人生の伸び盛りである。「いかに生きるか」ということに心が焦点づけられているとき、死の影は後退する。このような青年にとっては宗教はあまり関心がない。ときには軽蔑の対象とさえなるであろう。その青年はつぎつぎと新しい知識や技術を獲得したり、身体を鍛えたり、あるいはこの世の多くの楽しみを経験することだろう。それはそれでいい。結構なことである。しかし、死は後退しても消滅はしない。機会があると、それは顔を出してくる。

人生にはどうしようもないことがある。死はその最たるものである。自分にとってどうしようもないことがあると知ることは、自分を超えることが存在するという自覚のはじまりである。遊びのひとつとしてスポーツの場合を考える。スポーツでは強い方が勝つとは言っても、そこに偶然の因子がはいるのを誰も否定はしないだろう。勝つにしろ負けるにしろ、そこに自分を超えた力がはたらいていることを感じ、それに畏敬の念をもったとしたら、そこに宗教性がかかわっていると言っていいだろう。

平素は死のことなどほとんど考えていない青年が急に死を意識するときもある。ある大学の学生相談室に一人の学生が真青になってとびこんできた。不安でいても立ってもいられないと言う。話を聞くと、自分の尊敬していた先輩の学者が急死した。葬式のときは思ったほども悲しくなく、こんなものかと思っていたが、先ほどキャンパス内を歩いていて、あの人が死んだのに、研究室も大学もそれをとり巻く景色も何も変っていない、と思うと、急に死とは何か、自分が死ぬとどうなるのかという問いが湧き起ってきて、不安でたまらなくなったと言う。カウンセラーは、今時の学生に珍しく根源的な問いに直面しようとしている青年と思い、丁重に応対し、不安が強いので来週ということではなく、三日後に会う約束をした。

学生が帰った後で、カウンセラーも深く考えこんだ。死ということは本人にとっては一大事件である。にもかかわらずそれを取り巻く事物は不変のまま存在し続ける。カウンセラー自身にとっても大きすぎるほどの問題である。しかし、学生の本人があれまで真剣なのだから、ともかく自分もその考えに従ってゆこうと思った。三日後にカウンセラーは待ち受けていたが、彼は来なかった。何の連絡もなかった。

カウンセラーは不安になった。自殺するということは考えられないが、不安で家から出られなくなっているかも知れない。ところが一週間ほど後に、カウンセラーは例の学生が楽しそうに友人たちと球技をしているところに通りかかった。すると学生はカウンセラーを見つけて走り寄ってきた。「この間はお世話になりました。先生に熱心に話を聴いていただくと、何だかさっぱりしてもう元気でやっています」。どうやら彼は三日後に面接の約束をしたことさえ忘れてしまっていたようだ。

これはこれでいいのである。死が一時的に青年の心を捉えたが、彼の「生きる」ことへの関心と楽しい仲間たちの力の方がそれにまさっていた。彼が真剣に死のことを考えるべきときは、また後にやってくるだろう。

遊びのなかに生じる種々の「融合体験」も宗教性にかかわるものと言えるであろう。スポーツにしろ、音楽の演奏、演劇など、人間と人間との間に不思議な一体感が生まれるときがある。演劇においても、演技をする者と観客との間に「一体感」が生じると、演技をする者は、自分でも不思議に感じるような名演技をしてしまう。あるいは、スポーツの団体競技の場合、サインなど出さなくとも、お互いの間に意志が通じて、不思議な協同関係ができる。いずれの場合でも、普通状態の自分がやったというより、何か他者によって動かされたように感じる。

その際に感じられる「他者」が絶対他者として「神」というような名がついていると、それは何らかの宗教になる。しかし、スポーツなどの遊びにおいて生じるとき、別にそれは既成の宗教とは関係ないが、既に述べてきたような人間の宗教性とかかわってくる。時にわれわれは「神がかりの技」だなどと、それを表現したりするところにも、このことが示されている。「遊び」もこのような体験に結びついてくると、その魅力は大きくて、簡単にはやめられない。

遊びと死

深い融合体験を経験するためには、遊びも訓練されたものでなければ駄目である。

スポーツでも芸術でも相当な修錬を経てこそ、そのような体験をすることができる。訓練の苦しみを避けて、深い融合体験を経験する方法がある。それも「遊び」のなかにはいると思われるが、集団によるシンナーの吸引などがそれである。シンナーの吸引を集団で行うと、時に集団の成員が同一の幻覚を共有することができる。これは不思議なことであるが、時に生じることがある。ある非行少年のグループはそのような集団のシンナー吸引によって、全員が観音様の姿を幻覚に見て、心休まる体験をしていた。こうなるとまさに宗教性にそのままかかわると言っていいだろう。ただし、この「遊び」は続けると脳に障害が起こるという危険性と引きかえである。この世には努力なしにいいことがあるのは、まず無いと言っていいだろう。

それにしても、これほどの危険を冒してまで、なぜ融合体験を望むのだろうか。人間は一人一人が異なる存在である。生まれるときも死ぬときも一人である。人間の持つ本来の孤独を補うものとして、人間のもつ他者との一体感がある。この両者の間には適切なバランスが望ましい。一体感に傾きすぎてしまうと、人間の個人としての存在が消えてしまうし、あまりに孤立すると淋しさに耐えられなくなる。それぞれの個人や文化は、このバランスをそれに固有な方法で保っている。

青年が孤独に耐えられなくなったとき、つまり、その程度があまりに強いか、それに耐えるだけの強さをもっていないとき、一体感への希求は急激に高まり、手段を選ばない。そして、その背後には常に死の影が動いている。死は人間が自然に還ることと考えると、融合体験の際たるものとも言える。

破滅型の遊びというのがある。麻雀にしても賭金が大きくなり、結局は負けがこんでくると、それを続けることは莫大な借金を背負うことになるとわかっていながらやめられない。多くのスポーツはまかり間違うと命を落とす危険性をもっているが、そのようなことがないように出来る限りの防御策が考えられている。しかし、そのようなことを無視して、みすみす死を望んでしたのではないか、というような行為をする青年がいる。明確にその人間が自殺を企図しているのではないが、死によってひき寄せられている、と言いたくなってくる。

遊びの背後に死がはたらいてくるもうひとつの大きい要因は、近代になってわれわれが通過儀礼《イニシエーション・ライト》を喪失したことにある、と思われる。この点についてはこれまで他によく論じてきたので、ここでは簡単に触れておく。子どもが大人になるとき、非近代社会においては通過儀礼があり、その社会のもつ宗教的儀式によって、子どもは大人になることができた。ところが、近代になって人間が社会の「進歩」という概念を大切にしはじめると、通過儀礼はその本来的な意味を喪失してしまった。これは仕方のないことである。

社会の仕組として、子どもを集団的に大人にする方法はなくなったが、各個人の内的体験としての通過儀礼が個々に生じているし、それは必要なことであると、われわれ深層心理学を専門にする者は考えている。子どもが大人になることは実存的な変革であり、筆者が既に述べてきたような意味での宗教性が深くかかわってくる。ところが近代になって聖はどんどん俗化していったので、通過儀礼を本来的な重みをもって行う聖なる場も、ほとんど消失している。となると、残された道は、遊びしかない。遊びの場において、人生にもっとも大切な通過儀礼が起こる。

通過儀礼の中核は象徴的な「死と再生」の体験である。子どもが死に大人となって再生する。青年たちは何らかの意味で死を体験しなくてはならないし、死の吸引力を感じている。このことが死の可能性をもった遊びが青年を惹きつける要因のひとつである。あるいは、遊びの要素としてカイヨワが指摘した「めまい」は、一種の擬死体験としても受けとめられるので、めまいの要素をもった遊びが魅力をもってくる。

もちろん、死と再生はあくまで象徴的体験なので、そこを一歩誤まって死んでしまうのは残念なことである。しかし、時に青年の遊びとしてのバイクの暴走やシンナーなどから死者を出すこともあるのも事実である。イニシエーションの儀礼が適切に行われないまま、それが歪んだ形で生じているものと考えられる。あるいは芸能人や作家などで、若者にとっての「ヒーロー」と見なされる人が、破滅型の生活によって死に至るのも、若者たちの代表選手として、死の体験をさせられることになったものと考えられるときもある。

遊びで死ぬのは馬鹿げているし、さりとてそこに死がかかわる方が魅力があるし、というので、プロのスポーツの観客が応援のときに可能な限り激烈な言葉を使い、スポーツ選手と一種の同一化の体験をしながら、殺したり殺されたりの擬似感覚を楽しむことも生じてくる。あるいは、スポーツや勝負事の遊びに、戦争用語が用いられたり、勝負の経過のなかで「殺し」たり「死」んだりする、ということが頻繁に出てくる。軽くてもどこかで死を連想させることのある方が、遊びに熱がはいるというものである。

3 遊びと教育

遊びと教育など関係があるのか、と言われそうだが、このような項目を立てて遊びについて考えてみなくてはならないほど、日本の現代の教育は困難な状況にある。教育というよりは、日本の現代の問題なのだが、それが教育という分野につとにその問題を露呈している、と言うべきである。したがって、教育をどのようにするかというよりは、日本人の生き方全体にかかわってくるものである。

日本は教育に熱心な国と言われている。確かに大学進学率などは世界でも有数であろう。子どもの学力の国別比較などをすると、日本は実に高いランクに位置づけられる。ところで小学校から大学まで実にいろいろなことを学んだわけであるが、自分が実際に生きてゆく上で、そのなかのどのようなことが役立っているかを考えてみて欲しい。専門職についているような人を別にすると、学校教育というものは、人間が実際に生きてゆく上で役に立つことをあまり教えないことがわかるであろう。

何を学ぶのか

人間は生きていく上でいろいろな知識や技術などを必要とする。生まれてからそれらのことを少しずつ学んできて、「一人前」になって社会に出る。ところが、それが現代においてはなかなかうまくいかないのである。ある一流企業の課長さんから新入社員のことで相談を受けたことがある。一流大学の出身で優秀で真面目な青年というので期待していたが、まったくの無能力で驚いている。高校出身の女性社員に馬鹿にされて、言われるままに動いているが失敗も多い。本当に彼は有名大学を卒業してきたのか疑わしい、と言うのである。本人に会ってみて、話を聞いているうちに様子がわかってきた。彼は「経済学」の知識は相当にもっているものの、そんなのは会社にはいってもすぐには役に立たない。まず根本に人間関係ということがあるが、彼はそれがまったくうまくできないのである。

新しい職場のなかでわからないことがあったときに、誰にどのように訊いていいのかわからない。極端に言うと挨拶もろくに出来ないのだ。人との距離をどうとっていいのかわからないのでチグハグする。雑談ができない。と並べたてていくと、ここにあげたことは会社内で重要なことではあるが、誰も「学校教育」としては教えないことであることがわかる。彼のもっている豊富な知識は、実際生活と無縁のものである。

ここにあげたようなことは、かつては家庭教育や、子ども集団の人間関係——つまり子どもたちの遊びのなか——で学んだことである。特にかつての子ども集団は年齢の異なるものが集っていたので、上から下へと伝えられることが多かった。しかし、現在は、何と言っても入学試験に直結する知識を身につけることに、教育が傾きすぎている。と言って、これは教育制度や入試制度の問題以前に、日本人全体が「序列」にこだわり、大学にしろ企業にしろ序列づけをして、少しでも高いところに自分の子どもを入れることが幸福だと考えるので、このような傾向を特別に強化してしまったのである。このような点についても他によく論じているので、ここではこれ以上触れない。ともかく「教育」が知識の吸収に重点をおくことになり、よい大学に入学するための勉強に時間をとられるので、一人前の人間を育てるという意味での教育は極端に忘れられてしまった。

この傾向に拍車をかけたのは、大人たちの自信喪失であろう。終戦のときにまず自信をなくした。その後は「民主主義」ということが錦の御旗のようになったが、日本的民主主義というのは権威の意義を認めない上に、社会の変化があまりにも早いので、大人は子どもに対して、自信をもって教えることができなくなった。このことは特に親子間で著しい。かくて、「学問」としての豊富な知識を持ち、生きる上での知恵はほとんどもたない人間が大学を卒業し、一人前の人間として振舞わねばならぬようなことが生じてきた。

前述のような新入社員の話を大学生にしていると、「その人は大学で何のクラブにもはいっていなかったのと違いますか」、「私らはクラブで実社会にはいる教育を受けていると思いますよ」という答が返ってきた。ある女子学生は家庭ではただ勉強さえしておればよく、一流大学へストレートで入学したと親は喜んでいるが、自分は大学入学以来、こんなままで社会へ出てゆけるのだろうかと思っていた。ところが、クラブに入ると、たとえば合宿のときは料理の仕方を覚えるなど、つぎつぎと大切なことを学んできたと思う、とのこと。こんな話を聞いていると、日本の教育の一面性を補償するものとしてのクラブの意義を強く感じさせられた。それと同時に、その在り方についても少し突っ込んで考えてみる必要を感じたのである。

教育機関としてのクラブ

どの大学にも実に多くのクラブがある。同好会というのもあるが、ここではそれらをすべてひっくるめて考えることにしよう。先にも述べたとおり、大学のクラブは日本の教育の一面性や家庭教育の喪失を補って重要な役割を果している。最近の子どもたちは同年齢集団が多く、昔のように年齢を異にする集団で遊ぶことが少ない。しかし、大学のクラブでは一年から四年までの差があるので、先輩からいろいろなことを学ぶことになる。

ここでひとつの非常に大きい問題は、クラブの集団がほとんどの場合、日本的集団であることが多く、しかもその程度が強い場合が多いことである。ここに日本的と呼んだことは、筆者の表現を用いると母性原理が優位であることを意味する。全体がひとつに包まれていることが大切で、その集団の個々の成員の個性が時により、その集団のために無視されたり、潰されたりすることがある。そして母性的集団においては「長幼序あり」つまり古参の者が新参者に対して絶対的優位に立つという特徴をもつ。母性的集団では個人差を認めず本来的には全員が平等であるが、序列をつけるとするならば、個人の能力差を認めないので古い者から順番ということになる。したがって「先輩」は「後輩」に対して絶対に上位にある。この際、その集団への帰属の古さによるので、たとい後輩の方が年齢が上であったり、能力が上であったりしても関係がない。

これは運動系、文化系のクラブどちらにも共通することだが、どちらかというと前者の方にその傾向が強いだろう。「先輩」が絶対的な力を有するので、確かにクラブにおいて対人関係と日常生活のことなど家庭で教わるべきだったことを、いろいろ学べるのはいいのだが、時に先輩の歪んだ価値観や人生観をそのまま受けいれてしまう、という欠点をもっている。カウンセリングに訪れる学生が、極端に古い価値観をもっているために苦しんでいるので、いったいそのような価値観をどこで身につけたのか、と訊いてみると、クラブのなかで、というのがあんがい多いのである。現代の子どもたちは何とか早く自立しようと、両親の言うことに対して反抗したり無視したりするが、知らず知らずのうちに、クラブのなかで妙な擬似親を見つけたような状態になっている。

母性集団のもうひとつの特徴として、全体的一体感が強調されるので、個人としての生活や個人の意志などが無視されやすい。もちろん、父性原理も母性原理もどちらが正しいとか不正とか言うのではなく、この両者のバランスの上にいかに自分というものを生かしてゆくかが課題なのであるが、ある集団のクライメートが母性原理優位になりすぎると、どうしても個人の存在ということがおろそかになる。

困ることは、集団の成員がすべて同一傾向をもっていると、その方向が「正しい」とか「立派」とか倫理的な評価を受け、それに反するものは悪者ということになる。こんなときにトリックスターがうまく活躍すると、集団の中に一面的な傾向に対する反省が生じたり、集団の改変が行われたりするが、トリックスターの力が弱いと、集団の一体感の強化のための犠牲になるだけのときもある。

このようなことすべてを含めて、集団のなかのもめ事や争いなどを生きるための「教育」の場と考えると、クラブ内に、ある程度の葛藤が存在するほうが面白いかも知れない。演劇や音楽などのグループで、公演の前日に「公演中止」というところまでいきながら、さんざんもめたあげく、翌日に何とか公演をやり抜いて一同の感激がずっと大きくなった、ということを体験したことはないだろうか。一種の死と再生の体験がグループとして生じている、と思われる。

グループの各人の個性を生かしつつ、かつ、一体感のよさも知るという集団をつくることはなかなか難しいが、そろそろ現代の青年たちは伝統的母性集団の倫理を改変するための努力を払っていいのではなかろうか。最近ではスポーツの世界でも、「のびのび野球」というようなキャッチフレーズで、これまでのような一体感のみを強調する傾向が少しずつ破られてきているのは望ましいことである。なお、若者の興味が野球からサッカーに変ってきつつあるのも、このような点を反映していると思われる。競技の性格上、野球の場合は多くの点について細かい監督の指示に従わせることが可能であるが、サッカーの場合は選手個人の一瞬の判断が非常に大切になるので、どうしても選手の個性を生かすことを考えざるを得ない、という点もあろう。最近盛んになってきたサッカー熱は、日本の母性原理優位のスポーツ界を改変する力になるのではないか、と筆者は見ているが、まだもう少し先までよく見ていく必要があるだろう。

遊びの指導者

遊びの指導者としては随分と年輩の人もいる。大学の運動クラブの監督など、青年もいるし高齢者もいるしいろいろである。あるいは、中、高校生や少年××というようなスポーツクラブの指導者として青年がなっているときもある。そのような点も考えて、ここに一応、遊びの指導者の問題について簡単に触れておきたい。監督ということにならなくとも、既に述べたように先輩は後輩を指導するわけだから、遊びのなかで青年が何らかの指導をすることになることは多いであろう。

随分以前のことだが、アメリカの友人が日本の中学校の野球部の練習を見ていて、「われわれは子どものときは野球を楽しんだが、日本では野球を苦しむためにやっているみたい」と言った。その上「苦しんでやってる割に強くならないね」と言われて参ったことがあった。これは何も外国でスポーツのハードトレーニングが無いと言っているのではない。スポーツも真剣にする限り、どうしてもハードな練習を必要とする。しかし、日本の場合の苦しみ方には他の国と比べて根本的な違いがある。

これは日本の修行という考え方から来ている。既に遊びと宗教の結びつきについて論じたが、日本では多くの遊びが「道」という観念として高められ、宗教的な色彩をもってくる。簡単に言ってしまえば、欧米においては、スポーツにしろ芸能にしろ、そのような技術を身につけた強い自我を形成することに主眼が置かれるので、どのようにして鍛えると強い自我ができるかと、その可能性をできる限り伸ばして育ててゆこうとする。これに反して日本の「道」は、むしろそのような自我を棄て、自我を離れたところで体験する意識によって把握されたものを尊ぶことになる。後者の場合は、したがって宗教的な修行に通じてゆくが、スポーツとか技術の修得として見た場合、西洋流の方が長所をもっているというべきであろう。苦しい修行的訓練によって精神力を鍛えたはずの日本の選手が、オリンピックなどで自分の実力をまったく出せずにいるのなどを見ると、このことはよくわかる。日本人の精神力は苦しみに耐えるときには効果的であるが、自分の力をのびのび発揮するときには、あまり役に立たない。

ここで、日本の修行が悪いという気はない。それを宗教のこととして、はっきりとした意図をもってなされるとき、もちろん宗教の修行としてはいろいろあるが、それはそれとして意味をもっている。しかし、問題は確たる経験も知識もなく、それをスポーツなどの練習の方法と無批判に取入れ、その指導者になる、という点にある。その場合は、擬似修行などして苦しまなくとも、アメリカの友人が言うように、本人の可能性を伸ばすようにしていった方が、はるかに楽しく効果的である。安易な楽しみは長続きがせず、楽しみを深めるためには苦しみを味わわねばならないが、あくまで楽しみを中心に置きながら苦しむのと、苦しみのために苦しんでいるのとでは大きい差がある。しかも、前者の方が効果的であるなら、なおさらである。

このようなことは割に明白でありながら、日本的指導法がなかなか変らないのには理由がある。この方法は指導者の地位を安泰にするからである。西洋流であれば、指導者は弟子の能力を引き出すためにいろいろと工夫しなくてはならない。そして、もし効果があがらないと指導者にも責任がかかってくる。これに対して日本流であれば、ともかくもっと頑張れとか、それでは生ぬるいと言っておればよい。試合に勝つと苦しんだお蔭と感謝されるし、負けたときは、「お前たちの苦しみが足りないからだ」と言えばいい。つまり、指導者は常に上位にいて、安泰なのである。

このような安易さがあるので、指導者は日本的になりやすい。その上、もし負けたり失敗したりしても、選手もあれだけ苦しんで練習していたのだからと他に対して弁解しやすい。このため、ともかく苦しい練習を続けることになりがちである。ところが、最近はこのような点に対する反省が出てきて、既に述べたように「のびのび野球」などと言われるのが現われてきた。そうなると、以前の傾向のまったくの裏返しで、監督は選手の好きなようにやらせる。別に負けても楽しくやっているのだからいい、などというのも出てきた。これはナンセンスである。まったくの裏返しというのは、本質的にあまり変りがない。

選手の力を本当に伸ばそうとし、楽しみを深めようとするなら、単なる放任は駄目である。選手に必要なことをやらせようと指導者はするが、選手は選手で自分なりに考えてよい方法を見出そうとする。この両者がぶつかり合ってこそ、本当の新しい発見や創造がある。このような人間関係をもってこそ指導の面白さも出てくるし、指導される側もやり甲斐がある。このような望ましい関係も、最近はわが国のスポーツ界で認められてきたように思う。

4　遊びの成就

遊びは遊びなんだから何をしようと勝手である、とは言っても、その遊びの仕方によって満足感や達成感が異なることは否めない。たといレジャーに出かけても、何だか損をしたような気がしたり、疲れだけが残るときもある。したがって、遊びとは言ってもそれをどう行うかについて、工夫したり、考えたりする必要がある。

遊びの仕事化

遊びをどうするかを考えすぎると、それは妙に「仕事」に接近してくる。山や海へ遊びに出かけるにしても、能率よく楽しもうと思いすぎるとスケジュールが盛り沢山になる。そのため全員がだんだんといらいらしてきて、疲れるためにレジャーに行ったように感じる。あるいは、旅行業者に依頼して、その言われるままに遊んでいると、旅行業者の「仕事」に自分が協力しているような気がしてくる。遊びもうっかりしていると変なことになってしまう世の中になった。

遊びの仕事化という点で、現代においてどうしても考えねばならぬことは、遊びから派生して多くの職業ができてきたことである。芸術、芸能、スポーツなど、気まぐれ程度の遊びとしてできる一方、それらを職業とする人ができてきたのである。そして、それは時と共に増える一方である。また、その職業によって得る収入もまったく莫大な額になった。普通の青年がいかに努力してもとうてい得ることのできない金額を、これらの遊びの仕事師は手に入れることができる。一般人が一生かかっても儲けられない金を一年間で獲得する青年がいる。

金額だけではない。彼らの活躍ぶりはＴＶや新聞、雑誌などを通じて一般に知らされる。つまり、彼らは時代のヒーローとなる。かつての英雄は戦争と結びついているものが多かった。しかし、今は遊びを職業とするヒーローに変った。これは嬉しいことである。平和なことはいいことだ。

ヒーローやヒロインになった人、あるいは、ならされた人は青年の夢の担い手になる。これは遊びなどというものではなく、大変な仕事である。既に述べたように、現代人は聖に接近する道を失っている者が多いので、遊びの世界に無意識的に宗教性がはたらく。そこで、スポーツのヒーローに対して宗教的と言いたい熱狂ぶりを示したり、芸術家のヒーローに神を崇めるような態度で接したりする。

こんなときに、ヒーローやヒロインがその取り巻きが投げかけてくるイメージに同一化してしまうと、しばらくの間はお互いに他と比べようのないような体験をする。それは端的に言えば神の姿の顕現とさえ思われるだろう。しかし、しょせん、人間は人間なので、多くの場合、この後に悲劇が訪れる。ヒーローがにわかに人間の姿を露呈して取り巻きに棄てられてしまうか、ヒーローが自分の担うイメージの重さに耐えかねて潰れてしまうか、ということが生じ、自殺という悲劇も起こりかねない。『アムリタ』の真由のことを思い出していただくとよくわかるであろう。このような「仕事」に従事する人は、周囲から期待されるイメージを生きてみせつつ、あくまで人間としての自分の限界を意識して生きてゆかねばならぬので、なかなか大変なことである。

早くから青年の夢の担い手としてのヒーローやヒロインになろうと努力する人たちがある。それが成功すると実に華やかな生活が待ち受けている。しかし、普通のサラリーマンなどのような仕事に従事しているのと比較すると、「遊びの仕事師」の場合は、ヒーローになり損ったときの挫折感が非常に大きいものがある。そして、ヒーローへの道が閉ざされたときの転進の道が極めて難しいという特徴がある。

私はこれまで、相当沢山のこのような挫折体験をもった人の相談を受けたことがある。たとえばスポーツの場合を考えてみよう。スポーツの道で他に秀でようとするには、相当な練習が必要で、スポーツ以外のことをほとんどできないと言っていいくらいである。しかし、才能があると周囲に認められて、言うなればローカルなヒーローとしての体験をもつので、夢はますます広がってゆく。しかし、最後のところで、プロフェッショナルとして本当に成功することはないという限界にぶち当る。そこで転進するにしては、自分は他に何らの技能や知識を身につけていないので、困難は倍加する。このようなとき自暴自棄の行動や、抑うつ症、ひいては自殺ということも生じる。

スポーツの場合は、先輩—後輩の結びつきが非常に強く、特にスポーツは誰しも年齢的な限界が来ることもわかっているので、このような悲劇をできるだけ避けるように、スポーツ関係者の相当に強い組織があり、アフター・ケアが行きとどいている(もっとも、そこに極端な日本的集団が発生して、その人間関係の苦しみに喘がねばならないときもある)。

芸術、芸能関係の場合は、体育関係者のような人間関係がそれほど強くないし、スポーツの場合に比して企業との関係も薄いので、このような挫折の悲劇はもっと大きいように思われる。青年期には自分のもつ才能が開花してくる。その勢いに乗って青年は大きい夢を描くことになるが、その栄光が輝かしいだけに、その影の部分の暗さという点をよく考えて、己の進路を決定すべきであろう。遊びを遊びとして、一生それを楽しむ方が、それを仕事とするよりも、かえってその本質に触れやすいこともある、と思われる。

自己表現の場

カイヨワも言うとおり、遊びは自由度の高い行為である。それが「仕事」にもなってくると、そうとばかりは言っておられないが、自分勝手に遊びをしている限り、相当に自由である。ところで、人間の、特に現代社会における、行為について考えると、実にさまざまの制限が設けられていることに気づく。会社に行く時、帰る時。それに服装も自由とは言うものの、そこに相当な制限があるのを認めざるを得ない。日常会話にしても、言いたくても言ってはならぬことなども沢山ある。これらのことに慣れているので、平素は意識はしないが、それを窮屈に感じはじめるとたまらなくなるときがある。自分が何だかがんじがらめに縛られているように感じられてくる。そんなときに、遊びがわれわれに解放感を与えたり、リフレッシュされる感じを与えてくれたりする。

遊びは時によって人間にとってもっと深い意味をもつことがある。そのことをわれわれ心理療法家が体験するのは、子どもに遊戯療法を行なったときである。遊戯療法といっても特別なことをするわけではなく、治療者が子どもに対して、時間と場所を決めて、できる限り子どもの自主性を尊重して遊ぶようにするだけである。そうすると、子どもは遊びのなかで攻撃性や怒りや悲しみや、いろいろの感情表現をして自ら癒されてゆくのである。ここは子どものことを述べるところではないのでこれ以上は述べないが、子どもが遊びを通じて自己表現を深める間に、自らの力で癒されてゆくのは印象深い事実である。

深い自己表現が癒しに通じてゆくのは、大人の場合も同様である。それが極めて洗練された形で表わされているのが芸術作品である。芸術によって多くの人が癒される。スポーツの場合も、そこにうまく自己表現がなされるときは癒されるであろう。人により時によっては、パチンコのようなものでも、あんがい効果のあるときもあろう。

このような表現活動は自分でしなくとも、他人のするのを見ることによって癒されることもある。私のところに相談に来ている人たちが、しばしば、スポーツの名選手の姿を見て癒された経験を語ってくれた。完璧と言いたいような人間の姿というものが、もちろんそこで言語はまったく語られないのだが、実に多くのことを語りかけ、それによって癒しが生じる。このような話を聞くと、心理療法をしている私などよりは、有名なスポーツマンの方が余程多くの癒しの仕事をしているかも知れぬ、と思ったりする。

有名なスポーツマンの名演技のみではなく、彼らの挫折体験とそれに対処する姿を見て、癒される人もある。どのような大選手も時に思いがけない失敗をするし、運命のいたずらとしか言いようのないことも起こる。そのようなとき、それらの選手がそれを正面から受けとめ、敗れ去って行く姿が、多くのことを、心に傷をもっている人たちに語りかけ、そこに癒しが生じる。たとい、敗れたとしても、そこにはその選手なりの達成感があり、それが人々に伝わるのではないだろうか。人間の生命というものは、いろいろな形でその仕事の成就をはかるものではないだろうか。勝ち負けや成功、失敗という評価は、もう少し浅いレベルでのことなのだろう。

芸術やスポーツなどの洗練された形のものを先に述べたが、自分自身が行うことであれば、ブラブラと散歩すること、旅行、仲間と飲んで喋り合うこと、などなど日常茶飯事に近い遊びも、それなりに癒しのはたらきをもっているときもある。遊びのもつ自由度の高さのために、日常的な世界にふと非日常の世界が顕現する経験をする。いつも歩いている散歩道であるのに、ふと垣根に咲く花を見て立ち止まらざるを得ないと感じる。今までは日常の世界に埋没してしまっていた小さい花が、突如としてその完全な生命力を示してそこに存在しているのを感じさせる。

日常茶飯事のなかの非日常性をうまく掬い取って表現してみせると、それは自己の表現になっている。別に自分の感情とか思想を伝えようとしたわけではないが、意識のレベルの変化により、そこに何らかの自と他との融合が生じるのであろう。このような遊びの精神を芸術的に形にしてゆくことでは、日本人は相当に優れている。俳句などというのは、おそらくそのなかの傑作であろう。と言っても、無理して俳句などつくる必要はない。既に述べた俳句の精神のようなものが、一見くだらなく見える遊びの背後にもはたらいており、それは癒しの機能をもっていることを認めることが必要である。

遊びは自由だと言いながら、そこに規則があるのはどうしてだろう。スポーツにはすべて規則がある。芸術は自由と言えば相当に自由だが、連句などは相当な規約をもっている。これは、人間は無制限な自由には耐えられないし、規則がないと「自由」を実感できない、という逆説的な事実によっている。さりとて、規則が多いほどよいなどというものではない。遊びのもつ性格と自由の逆説の在り方がうまく作用し合って規則ができあがり、そこに遊びの面白さが認められる。無制限に近いダラダラとした遊びは、癒しにつながらないと思われる。

遊び半分

遊びは、まったくの遊びとして考えられるときもあるが、既に述べたように、にわかに仕事のような様相を帯びることもあるし、ときには聖なる空間に迫るための適切な通路としての役割ももっている。昔、遊撃隊というような表現があった。戦いの最中にどこからともなく現われて、効果的な戦いをする。全体の戦略にがっちりと組み入れられていないのが特徴で、必要なときと場所に自由に出現してくるところに、その重要な役割がある。こんな考え方をすると、遊びを人生の遊撃隊的に使用できないか、と思われる。

普通は、勤務時間というのが決まっている。テニスがしたいと思っていても、その間には出来なくて、午後五時以降にしようとか、休日にしようとか予定を立てる。レジャー旅行ももちろんである。もし一週間も旅行しようとなると、大分前から仕事のことなどを調整しなくてはならない。こうなってくると、「旅行に行きたいが、その暇がない」ということになる。あるいは、一週間の遊びのために一ヵ月間人より多い仕事をしなくてはならない。現代の特徴は、どうしても何らかの行為が計画的になされねばならぬ、ということである。それが嵩じてくると、遊びも管理体制のなかに組み込まれてしまって、面白くなくなってくる。

このようなことを避けるひとつの方法として、儀礼も仕事も遊び半分にやる、ということが考えられる。もっとも「遊び半分」というのは一般に価値の低い言葉であるが、もともと低く見られてきた「遊び」の価値を十分に認めてきたのだから、「遊び半分」の価値を少しは見直してもいいだろう。

かつて大学のなかで、学生たちが勢いよく行動し、教官の方が旗色が悪いように感じられるときがあった。幸か不幸かその最も激しいときに、私はまだ京都大学にいなかった。少し遅れて一九七二年に着任したが、それでもまだ相当に問題は残っていて、学生と教官の間の話合い――これを学生は団交と呼んでいた――は続いていた。私は何となくそれの専門係のようになってしまって、長期間にわたって仕事をしたが、それを「遊び半分」にやっていたのがよかったのではないかと思っている。

学生を見ていると、学生運動と言っても「仕事」としてやっている人と「遊び」としてやっている人に分けられるように思われた。それに類は友を呼ぶで、これらの人は違うグループに分れて行動している。ところが相手をする私は遊び半分なので実に強いのである。遊びグループの方に対しては、遊びのレベルでつき合っているが、こちらがにわかに真剣な仕事としてやると、真剣さが足りないので彼らは負けてしまう。次に、仕事グループの学生とは、マジメにつき合うのだが、悲しいことに相手は余裕がない。つまり「アソビ」がないので、そこを突くと困ってしまう、というわけで、私が「団交」を楽しんでいるうちに、多くのことは解決してしまった。

私が「団交」に強いなどということがだいぶん学内でも評判になったらしい。「団交の極意は遊び半分にやることだ」などと、飲んだときに私が言っているのを伝聞したある学部の教授が、これでやろうと決心された。ところが結果は散々であった。遊びグループからは先生の生半可にマジメなところを突かれるし、仕事グループからは先生のフマジメサが厳しく追及され、さっぱりやられるばかり。この先生は「遊び半分のような中途半端なことは、やっぱり駄目だ」と言われたとか。

風聞は当てにならないので、この話の真偽もどうせ半分くらいのところであるが、この話で大切なところは、この先生が遊び半分を「中途半端」と誤解したため失敗した点にある。遊び半分は全力をあげてやらないと駄目なのだ。そして、実はこれはなかなか難しいことで相当な修錬を必要とする。

考えてみると、遊び半分の効用などは相当な年季を積まないと出て来ないものだから、青年期の話としては適切ではないだろう。やはり、青春は、遊びのときは遊びに、仕事のときは仕事に全力をあげるべきで、はじめから遊び半分を狙うのは無理な気がする。

もっとも、この節は遊び半分に書いたので、読者があまりマジメに受けとられない方がいいのではなかろうか。

第五章　青春の別離

春がどれほどいい気候だと言っても永遠に続くわけではない。いつかは夏になる。青春にも人間は別離してゆかなければならない。そこには別れの悲しみや苦しみが伴う。しかし、別れることによって獲得する新しいものの方に注目すると、別れは嬉しいことでもある。いずれにしろ、別れの経験をせずに大人になることは出来ない。ただ、それをいかにするかに個人差が生じてくる。

青春は多くの場合、何らかの集団のなかで経験される。あるいは、仲間たちと共に経験する、と言っていいだろう。しかし、青春の終りはその仲間たちとの別離として経験されねばならないときがある。もちろん、形としてはそれまで通り共に暮らすとしても、心のなかでは強い別離の悲しみや苦しみを経験するということもあるし、それまでの関係性と異なる関係に変化する、ということもある。このような別離の苦しみに耐えられず、いつまでも大人にならずにいる人もいる。

既に述べたように、現代ではイニシエーションによって一挙に大人になる、などということはない。したがって、本当のところはここで青春は終り、二度と来ない、と言うことはできない。すべてのことについてボーダーレスの時代になってきている。とすると、一度や二度別離の体験をしたからといって、大人になったとも言い難いだろうし、大人になってしまったので青春と無縁ということでもなさそうである。このあたりの微妙な在り方をよく知っていないと、せっかくの人生を単調なものにしてしまったり、まったく取りとめのないものにしてしまったりすることになる。青春における別離の在り様について、その種々相を考えることによって、本書の最終章にしたい。

1 卒業

学校には卒業式というのがある。日本に比べて「式」の少ない外国でも卒業式は盛大にするところが多い。卒業式は米国では commencement と呼ばれるところが多く、それが「開始」を意味していることは周知のとおりである。米国の大学の入学は比較的容易なところが多いので、卒業式をイニシエーションの儀式として受けとめたい気持があるからだろう。ただ残念なことに、このような制度としての卒業式は、かつて非近代社会の子どもたちが体験したような実存的変革につながることは少ないので、本当の卒業は、各個人個人がそれぞれの体験をして行わねばならない。ここに現代の難しさと面白さがある。

家　族

青年はまず家族から離れてゆかねばならない。自分を育み自分を保護してくれた家族から離れることは恐ろしいことでもあるし、また、自立の意志が高まってくるときは、是が非でもやり遂げたいことになる。動物の場合は、親離れ——したがって子離れも——がどれほど見事に行われるか、TVなどでよく紹介されるので見た人が多いと思う。それまで子どもがすり寄ってくるのを喜んでいた親が、子どもがある年齢に達すると急に態度を変え、寄ってくる子どもを突きとばしたり、嚙みついたりする。子どもは驚き苦しみながらも、親離れをしてゆく。このようなことが、自然にプログラムされているところが実に素晴らしい。

これに対して、人間というのは自然に手を加え自分の好きなように支配しようとしているうちに、自分の内なる自然の破壊を相当に行なってしまった。そのために親離れ、子離れがなかなかうまくいきにくくなったことは、あちこちによく論じられているので、周知のことと思う。

しかし、現代におけるもっと大きい問題は、出立してゆく土台となるべき「家」が存在しないという青年が増えてきている、ということではなかろうか。家庭において必要なだけの一体感の体験があるからこそ、それを土台として離れてゆくことができる。ところがその体験が不十分なときは、本当の意味での「家」がないので、自分の住んでいる家を出て、他に本来的な家体験を求めることになる。ホームレスは現代の大きい問題である。家があり両親があり、物が豊富にありながら、心理的には「ホームレス」の子どもたちがいる。

心理的ホームレスの人の「家庭」への希求は大きい。その夢はふくらむばかりで、普通の人間関係に満足できない。少し親しい人ができはじめるとその関係がすぐ悪化する。多くを求めすぎるので相手が耐えられなくなったり、相手のちょっとした心の動きを捉えて、自分のことをおろそかにしたと感じ(それは見当はずれではないのだが、判断が厳しすぎるのだ)、関係を断ってしまう。時には、相当に破壊的な行動に出ることもある。

心理的ホームレスの人は、その問題を内的に克服しない限り結局は強力な一体感を強調するグループ、暴力団、シンナー吸引グループ、ある種の宗教集団、などに属するか、グループに所属できないときは、自殺未遂の繰り返し、薬物依存、極端な無為、などに陥ることになる。

ホームレスの問題を論じると、また長くなるのでこれくらいにしておくが、言うなれば、すべての人間は内的にはホームレス状況をもっているとも言える。したがって、よい家庭に育っていても、自立の衝迫が強くなると、突然に自分を「ホームレス」であると感じたりするものだ。しかし、その人は既に述べたような危険性の高い道ではなく、何とか自分の力で自立してゆく道を選ぶことになる。

ここで、「家族語」ということを考えてもいい。家族には家族にだけ通じる言葉がある。たとえば誰かが「あの時は、あれは傑作だった」などと言いはじめても、家族の全員にはそれがどの時を意味しているのか、その時の何事を指して傑作と言っているのかがわかる。そして「傑作」という表現によって家族一同には、その感じがわかるが、他の人たちの言う「傑作」という意味とそれは少しずれている、などということがある。子どもたちは「家族語」を普遍的でどこでも通じる言葉だと思っているが、家の外では通じないことを体験する。そこで、子どもたちは「外」の言葉も覚えねばならぬことを知る。

青年は時に家族語に強い嫌悪感を感じるときがある。そして、外来語を家族のところに投入するように努めたりする。「家族語に頼って生きているのではないぞ」と宣言したいのだ。これが極端になると、家族とは口をきかない、ということになったり、家から離れて下宿して全然帰ってこない、ということになったりする。

いったん家族から離れても、青年は自立の程度に応じて、また家族と接触をはじめる。しかし、これまでのように、その一体感のなかに包まれる一人としてではなく、自立した人間としてつき合うことになる。このような意味で欧米人の方が日本人よりは家族間の交流が親しく深いと言えるだろう。それは「しがらみ」から自由になった者同士として、つき合えるからである。家族を「卒業」した同窓生としての関係が生じる、とも言える。もっとも、日本はこの逆で、同窓生が「家族」的であることを誇りにしたりするが、それらの関係のなかで、各人がどの程度の自立を基にしているかが大切なことである、と思われる。

キルプの軍団

大江健三郎『キルプの軍団』(岩波書店、一九八八年)は、青年期の初期に、一人の青年がいかにして家族との関係のなかで「卒業」を体験するかを、その深さと意義を感じさせつつ示してくれている作品である。ここにその筋を紹介する余裕がないので、興味ある読者は原作を読んでいただきたい。ここでは、もっぱら「卒業」というところに焦点を当てて述べることにしたい。

主人公の高校生、オーチャンが家族から離れ、外の世界の空気を吸った人間として家に帰ってきた時点で「卒業」するのだが、この筋は実に重層的に構築されている。まず、キルプである。これはオーチャンが英語の勉強のために、ディケンズの『骨董屋』を忠叔父さんに習っているという設定になっていて、その話にキルプという人物が重要な役割をもって出てくる。彼についてのディケンズの描写がながながと引用されるが、その一部を示すと、「かれの黒い眼はおちつきがなく、こすっからく、ずるそうでした。かれの口もとと顎は、不精に伸びた粗く剛い口ひげでとげとげしいのです。それにかれの顔色は、決して清潔にも健康にも見えない種類のものでした。しかしなによりかれの顔のグロテスクな印象を強調するようであったのは、もの凄い薄笑いでした」。このキルプが少女のネルを脅かすのである。ネルは十四歳の少女で、彼女は「これでもか・これでもか、という具合に愛らしく描かれています」。

オーチャンはその後相当な体験をするが、それは『骨董屋』の話とどこかで重なり合ってくる。それのみならず、少女のネルはドストエフスキーの『虐げられし人びと』のなかのネリーという女性と重なってくる。話が進んでゆく間には、旧約聖書のなかの、アブラハムとイサクの話まででてくる。それに、全体のなかのちょっとしたエピソード、オーチャンがオリエンテーリングをやっていて、もう少しで動物園の檻の下に穴を掘って、猛獣の犠牲になりそうだった、なんてことまで、何やかやがすべて重層的に関連してくる。

このことは、一人の青年というものがいかに歴史を背負っているのか、ということを示している。一人の人間は生きた歴史であり文化である。自分のことをやっているつもりでも、それは歴史や文化と関連している。大したことにも思われない問題の解決に相当な努力を必要とするのもこのためであるし、また、個人的問題の解決に思いがけず周囲の援助があったりするのもこのためである。

忠叔父さんは暴力犯係の刑事だが、ディケンズを読むようなところもある人物である。この叔父さんがふとしたことで守ってやったことのあるサーカスの団員の百恵さんという女性が、その夫と子どもと共に東京近辺の山のなかに、借金の無理矢理なとりたてを避けて逃げ住んでいることがわかる。叔父さんのところに送られてきた地図が、オリエンテーリング用のものだったことから、オーチャンは叔父さんの要請を受けて、叔父さんの百恵さん救出の仕事の手助けをすることになる。これは危険な仕事なので両親にも秘密だが、叔父さんに「大人扱い」された嬉しさが、オーチャンをふるい立たせる。

青年が家を離れてゆくとき、忠叔父さんのような人がよく現われる。その人は父親代りのような役をしつつ、かつ、青年が家を出ることを助けてくれる。時にはそれは誘惑のようにさえ感じられる。両親から見れば、自分の子どもの成長を助けてくれる有難い人でもあるし、自分の子どもを危険に誘い込んだり、家族の一体感を破ろうとしている、困った人のように思えるときもある。

オーチャンの人生にとって重要なときがやってきた。ここでオーチャンが「幾度か同じ夢を見た」という、その夢を紹介しておこう。夢のなかで、サーカスのテントに縦横に張りめぐらした針金の上に百恵さんが乗っている。百恵さんは「山口百恵さん」のように美しい。彼女は上半身はサーカスのシャツを着ているが、「下半身はキューピーのセルロイド人形そのままという具合！」。この百恵さんが針金を半分渡ったところで、反対側からヤクザが襲ってくる。そこで十字に交叉している針金に乗り、赤いペラペラの生地のオリエンテーリング部のユニフォームで、オーチャンが救助に行く。ところが、自分は縄跳びはしたことがあるが、綱渡りの練習など一度もしたことがないことに気づく。これが夢である。

青年期の夢の特徴をよく備えた夢だ。オーチャンは人生の「綱渡り」をしなくてはならない。それは美しい女性、百恵さんをヤクザから救うためだ。それにしても「なぜ針金の上の百恵さんがキューピーのセルロイド人形の下腹部をしていたのか？」。オーチャンはこれについて「おそらく僕の年齢の人類の一スペシメンにおける、性的現象の反映だったのでしょう」と難しい言葉で解釈している。それではどうして本当の裸体ではなく、キューピーのそれになっていたのだろう。これはキューピーという存在の面白さが関係している。キューピーはキューピッドの変形であり、そのもとはギリシャのエロスの神である。エロスはもともと人間的な姿をもたない、人間にとっては把握し理解することの出来ない存在であった。エロスの力のもつ恐ろしさを古代の人はよく知っていたのだ。その後、人間がだんだんと傲慢になり、自分の力で何でもコントロールできると思いはじめた頃からエロスは人間的な姿となり、最後はもっとも健全な家庭においてさえ裸のままでいることを許されるキューピーさんにまで下落してしまった。

オーチャンは百恵―ネル―ネリーのイメージに示される、弱くて清らかな乙女を救出しなくてはならないが、そこには性の問題を避けて通ることはできない。しかし、一言に性と言っても、それはキューピーからエロスの神に至るまで広範囲にわたっている。それは簡単に一筋縄では捉えられない相手であることを覚悟する必要がある。それにオーチャンは縄跳びは出来るが、「綱渡り」の練習などしたことがなかったことを思い出す。青年になって家の保護の外に出てゆこうとする者は、それまでに思いもかけなかったことに遭遇するという覚悟がいるのだ。

ところで、百恵さんに向かってきたヤクザ集団とは何者だろう。これこそ「キルプの軍団」だ。集団で百恵さんを捕えようとしている。オーチャンはこれらの軍団と戦えるのだろうか。しかし、ディケンズの作品を読んでいたとき、オーチャンは作中のキルプに、奇妙なことだが、感情移入をするようなところがあるのに気づく。それに、キルプは一人なのに、どうしてそれが軍団にまでなってしまうのだろう。

遅い人

夢というのは不思議なものだ、夢に出てくる人物はすべて自分の夢に出てくる限り「自分」なのだという見方もできる。百恵さんも(下半身キューピーの)、ヤクザも、もちろん夢に出てきた自分も、すべて「オーチャン」の一部だとも言える。オーチャンは百恵さんを助けようとする。しかし、「キルプの軍団」に恐れおののいている、弱くて清らかな百恵さん(それはネルやネリーと重なってくる)も、自分のことだと言えぬことはない。そんなふうに考えていると、百恵さんは自分の心の中の、いつまでも子どもでいたい部分で、キルプはまさに「大人」の代表（特に百恵さん、あるいはネルの目に映る）大人の姿そのものと言えないだろうか。こんなふうに考えると、それは「軍団」であるのも了解できる。大人たちは集団を組んで、子どもを大人にしようとする。

こんなふうに考えてくると、人間が大人になるということは、キルプによってネルが犯されること、清らかな世界が穢されることになる、と考えられないだろうか。とすると、キルプの軍団は大人の社会から送られてきたもの、ということになる。そんな馬鹿なことはない。大人になるということは、キルプの軍団と戦い、征伐して百恵さんを自分の伴侶とすることとなのだ。もしそうだとすると、オーチャンはヤクザ集団と一人で戦えるのか。「綱渡り」の練習さえしたことがないというのに、針金の上で集団を相手に戦えるのだろうか。こんなときに、命を失う青年もいるのではなかろうか。

残念ながら『キルプの軍団』の興味深い話は全部カットせざるを得ないが、オーチャンは百恵さん救出の仕事のなかで、過激派の戦いに巻きこまれ、自分の命を失いはしなかったが、家を出て外の世界に出ることの恐ろしさを体験し家に帰る。その上、オーチャンは腎臓まで悪くして寝こんでしまう。それに詳しい話をしていないので申し訳ないが、いろいろなイキサツから、オーチャンは自分が「キルプの軍団」の一員ではなかったか、という恐れさえ感じるのである。

熱にうなされながら、オーチャンは次のような体験をする。オーチャンは熱にうなされている間、両掌を合わせて、と言っても指の角度を六十度に開いて、さかんにそれを右、左に動かした。それは「僕は自分が一個のモーター・ボートであり、またそれに乗っている人間でもある、と感じていたのです」ということだった。「僕は一所懸命に舵をとって、波頭を切り疾走していました。一瞬でも気をぬけば、大変なことになるのです。複雑に暗礁のいりくんでいる・難かしい水路を辿り、地獄へ行くか煉獄へ行くかの、まさに分岐点にさしかかっているように、夢のなかの僕は思いこんでいたのでした」。

これは凄い夢だ。今まで家族という大船に乗って生きてきたオーチャンは、この世の荒波を乗り切るのに自分自身が船になり、それに乗り込んで苦闘している。確かに「一瞬でも気をぬけば、大変なことになる」のだ。恐ろしい体験のなかで傷つき、再び家に帰ってきたオーチャンはどうして癒されるのだろう。もう、かつてのように父や母が心を癒してくれることはない。オーチャンは今までのような子どもではないのだから。

癒しは思いがけないところから生まれてきた。オーチャンの兄は養護学校に行っていたが、作曲が得意であった。それらの曲の自家版を出すときに、ピアノ曲のひとつに歌詞をつけようということになった。ところが兄さんは「私は詩が不得意でございます」と言う。そこで、「卒業」というピアノ曲に詩をつけることになったので、兄さんの養護学校の卒業のときのことを思い出してみようということになり、家族で話合った。

オーチャンは気まぐれもあったが、「いま話していたことをまとめればいいんじゃないの」と言って、その作業に没頭する。午前二時までかかったが気がついてみると、「病気になってから、あのことを考えずそんなに長くなにごとかに没頭できたのは初めてで、自分でも驚いた」のだった。詩はできあがった。

「兄のメロディーにあわせて僕の書いた言葉を家族みんなが歌ったのでしたが、やはり自然な作られ方の歌、という感じじゃないのです。それでも、兄が正確な音程の小さな声で歌うと、澄みわたって清すがしい気持プラス悲しみが浮びあがるようでした。苦しい夢のなかで、なんとか地獄をまぬがれて煉獄に行きたいと、両掌でへさきを作り、一所懸命に動かしながら、そのためには、――新しい人間になりたい、これまでの性格は変えたい、と考えていた、その自分が変って行く方向と、この歌が感情的につながっているという気もしたのです。」

オーチャンはひとりになってから、自分だけで「卒業」を歌ってみた。「そして自分がやったことは、ピアノの音ですべて表現している兄の音楽を、言葉でなぞっただけだと思いました。また言葉でなぞるために、何回も何回も聞きなおしているうち、兄の音楽が僕を治した、と感じもしたのでした」。

兄の音楽が僕を治した、というところが感動的である。実際オーチャンは翌日から起き出すことになり、病院では腎臓についても今後心配ないと言ってもらう。オーチャンは実は大学など行かずにひとりで勉強すると言っていたのだが、大学進学の意志を表明して、両親を喜ばせる。オーチャンにとって、それほど両親に盾つく必要はなくなったのだ。オーチャンはこれで本当に高等学校を「卒業」できる、と言うべきである。

両親に盾ついたり、両親に秘密のうちに危険なところに飛びこんでいったり、命にかかわるようなことをして、オーチャンはもう一度家に帰ってきた。しかし、家族のなかに取り込まれている子どもとしてではなく、自分なりの判断力をそなえた青年として、帰ってきた。もちろん、現代は一回のイニシエーションによって大人になってしまうようなことはなく、オーチャンには次のイニシエーションがまたやってくるだろう。それにしても、この重要な儀式の司祭とも言える役割を、人よりは「遅れている」と思われている兄が務めたことは忘れてはならない。オーチャンは兄の「卒業」の音楽によって癒される。おそらくこのことは、オーチャンの年齢の若者がともかく人より先へ先へと進むことばかりを考えている、現代の風潮と無関係ではないだろう。

本来はイニシエーションが絶対者の名のもとに行われたことを考えると、オーチャンの兄さんの姿を「遅れの神」の顕現として見ることもできるように思う。現代の青年の心の癒しに遅れの神が登場する必要のあったことを、心に銘記しておきたい。

2　永遠の少年

オーチャンは心に深い傷を負い、それを癒されることによって、「卒業」を体験することができた。しかし、「傷つかない」人たちというのもいる。あちこちと跳び歩いて華やかに行動する。沢山のことをしているようで、よく見ていると本当にまとまった仕事をしているわけではない。どこか途中でやめてしまうところがあるので、それに乗せられた人たちは苦労したり、傷ついたりする。ところが御本人はそんなのは平気で、また次の新しいアイデアを考えている、というような青年である。もっとも、これは青年とは限らず、高齢者のなかにもこのような人がいる。「万年青年」という言葉は、いい意味にも悪い意味にも用いられているようだが、どちらかと言えば、前者の方が強いのではなかろうか。

越境の不安

ユング派の分析家が重視する元型に「永遠の少年」(puer aeternus)というのがある。よく似たような人が多く分析室を訪れてくるので、それにヒントを得て考えついたものであろう。その一端は先に示したとおりであるが、それを人間のタイプとしてではなく、人間の心のなかにある「元型」として記述したところに面白味がある。つまり、すべての人は、この「永遠の少年」の元型をもっているのだ。ただそれとの関係がどうなっているかに問題がある。

元型と人生について考えるとき、私はよく交響楽のことを思う。沢山の楽器がそれぞれ元型であって、人生のそのときそのときに応じて、優勢な元型というのが、メロディーを受けもっている楽器である。その間に他の元型ははたらかずにそのままのこともあるし、他の元型のなかで言わば伴奏役にまわっているのもある、というわけである。ところで、永遠の少年の元型があまりに強い人は、交響楽を聴きにきた人に対して、独奏を聞かせているようなものである。つまり、元型としての「永遠の少年」はすべての人に存在しているが、それがあまりにも優勢になり、その人を乗っ取ってしまうところに問題がある、と考える。

北欧神話にバルズールの話というのがある。バルズールは病身だったので母親が心配して、すべてのものに彼を傷つけないようにと約束させる。ただ、やどり木だけはあまりにも弱そうだったので約束するのを怠った。ところで神々は退屈すると面白い遊びを考え出した。バルズールを前に立たせ、神々が手当り次第にそこらのものを投げつける。たとい当ったとしてもバルズールは全然傷つかない、というわけである。

ところで、皆が楽しく遊んでいるのを見た神のロキは、バルズールの母からやどり木の一件を聞き出してくる。そこでロキはやどり木でひそかに一本の槍をつくり、盲目であるために競技に加われずに淋しく立っていた神ホートに、あなたも皆と一緒に楽しんではと話しかけ、例の槍をもたせて、この方向に投げなさいと教えてやる。このためバルズールは一瞬のうちに殺されて、それまで楽しんでいた神々も慄然としてしまう。

北欧の神話はこの後も続くのだがそれは省略して、先の話について考えてみよう。

全然傷つくことのない神バルズールは永遠の少年の姿にふさわしい。そして彼を守るために母親の途方もない努力があった、というところも注目すべき点である。傷つくことのない人は大人になることができない。そのときに何とかしてバルズールを傷つけようと考えたのがロキである。ロキは北欧神話のなかのトリックスターである。トリックスターは破壊と建設のすれすれのことをするが、この際は結果は悲劇に終ってしまう。

バルズールの話は、永遠の少年が大人になることの難しさをよく示している。うっかり大人になろうとすると命を失ってしまうのだ。永遠の少年元型と同一化して生きている人たちが、大人になることに対して強い恐怖感をもっているのも当然のことである。このような人は、なかなかの才能をもっていて、よいアイデアを思いついたりする。そこでそれを発展させてゆけばよいのに、と思っているのに、必ず途中のあたりで投げ出すか、何か他に興味のあることを見つけて、そちらの方に手を出してしまう。

それはひとつの境を越えるということに、強い不安をもっているとしか言いようがない。境を越えない範囲で何やかやと目まぐるしく動くので、大活躍をしているように見えるが、本当の仕事はしていない。境を越えるためには、どうしても傷つかねばならないし、バルズールの話でロキが必要であったように、何らかの意味で悪ということが関与してくることもある。悪を引き受けるのを拒むことが、大人になることを拒むことにもなる。さりとて、安易に悪と同盟して大人になる、というのもどうかと思われる。というわけで、永遠の少年は大人とすれすれのところに来ては、境を越えることなく逆もどりをすることになる。

永遠の少年の元型は、創造的な活動には必要なものである。その上昇の勢いというのは凄いものである。しかし、いつもそれと同一化していては、本当の作品はつくれない。永遠の少年元型をはたらかせつつ、それと同一化しない、という難しい状態のなかで、創造的な仕事ができるものと思われる。

永遠の少女

永遠の少年と同様に、永遠の少女という元型もあると考えられる。永遠の少女の元型に同一化した女性は、永遠の乙女として大人になることを拒否する。少女の透んだ目は大人たちのしているさまざまのカラクリや、「汚い」仕事をいち早く見破って、それに対する強い嫌悪感を感じる。時には残忍と思うほどに、大人の影の側面を暴き立てることもある。本人にとっては残忍などというよりも、ただ事実をそのまま言ってるとしか思えないときもある。

先に取りあげた『TUGUMI』の主人公も、多分に永遠の少女元型が背後にはたらいていることを感じさせる女性である。病身で親から極端な庇護を受けていたところなど、バルズールを思わせるところがある。最後のところで、ツグミが死の体験をするところは、彼女が永遠の少女元型の支配から脱却してゆくことを示唆している。

永遠の少年に比して、永遠の少女の場合は身体性が深くかかわってくる。男性よりも女性の方が身体との結びつきが強いからである。永遠の少女は、自分の身体が妻とか母とか呼ばれる女性と同様のものになってゆくのに耐えられない。このため、思春期拒食症という症状は永遠の少女元型と深いかかわりをもつことになる。身体の成長を拒もうとする強い力がはたらくので、食事を取ることができない。あるいは、他人から見れば、ただただ痩せているとしか見えない身体も、本人から見れば「美しい」と感じられるし、普通の体形は「醜い」ということになる。

少女らしい気転や清すがしさ、それに美しさ(永遠の少女元型が強くはたらく人は、美貌のことが多い)などのために、多くの男性が惹きつけられて、彼女の周りに集ってくるが、一定以上の距離に近づこうとすると、彼女はどこかに飛んで行っていなくなる。後には少女らしい笑いだけが残されている、ということになる。彼女たちは明るく笑う姿でその魅力を示しつつ、笑いによって距離をとることもよく心得ている。

永遠の少女元型がはたらきつつ、少女が死に至らずに年をとってくると、時にその女性は多くの従者、あるいは取巻きとしての男性をもつが、一対一の関係を作らないという形をとるときがある。男性たちはひたすら彼女に憧れ奉仕することを喜びとするが、一定以上の親しさをもつことはない。このようなときは、その女性はだんだん両性具有的になり永遠の少年的要素も加わってきて、ますます魅力ある存在となることもある。

永遠の少女元型に強く支配されている女性が、多くの男性と性的関係をもってもバルズールの話のように「傷つく」ことはない、という生き方をするときがある。このときは、彼女は男性と性的関係をもつことに抵抗を感じないし、傷つくことがないので、いくら男性との関係があっても、その外見は乙女の美しさを保っている。

このような女性に惹きつけられる男性は一般に弱い人が多いが、彼女との関係によって自分は特別に親しい関係になったと思い、そのつもりで次に彼女に接近してゆくと、彼女の興味は他に移っているため、深く傷つくということもある。考えてみると、傷をバネにして青年は大人へと飛躍してゆくのだから、このことも別に悪いとばかりも言っておられない。このような永遠の少女タイプの女性が、男性のイニシエーションのための巫女の役割を無意識的に行なっているときもある。

元型の力が優勢になるときは、人間の力では止められない、と感じるときが多い。しかし、ある元型が常に強い力を及ぼしてくることは少なく、ある時期がくるとそれは自然に力を弱めてしまう。永遠の少女元型の強いはたらきのなかで、多くの男性と関係をもった女性が、元型の力が弱まると共に「普通」の女性らしくなり、普通の女性の生活に戻ることがある。そして一般的な幸福な生活をしているときに突如として、自分のこれまでしてきたことに対して強烈な罪悪感に襲われることがある。このような例に接していると、先に「傷つく」ことはないという表現をしたのは間違いで、あまりにも深いところで傷つくので意識されることはほとんどない、という表現の方が適切だと思わされる。

強烈な罪悪感に突然に襲われると、傍目には幸福そうに見える人なのに、重い抑うつ症になるとか、その幸福な生活を破壊してしまうような行動をするとか、自殺を企図するなどのことが生じる。このようなことを避けるために、永遠の少女元型の力が収束し、普通の生活に戻ってゆくとき、その人と私との治療関係はそこで終りになってゆくが、別れるときに、「もし、急にものすごく憂うつになったり、死にたくなったりしたら、必ず連絡するように」と言っておくことにしている。「もう死のうかとまで思ったが、先生に言われていたことをふと思い出して」と言って訪ねてきてくれた人もある。そのときは、その傷を癒すための仕事をしばらくは引受けねばならない。

3 裏切り

傷つくことや、傷つけたことに対する自責の念によってこそ、青年は大人になってゆける、と述べた。傷つき、傷つけられる大きいことに「裏切り」ということがある。いろいろの悪のなかで、裏切りだけはしたくないと思う人は多いのではなかろうか。いろいろな悪に対して、あんがい同情心が湧いたりすることはあっても、裏切りに対してだけは「許せない」という感情が湧いてくることもある。そこには弁解の余地がない。

昔から偉人とか天才とか言われている人の伝記を読んでいると、その人が思いがけない「裏切り」をしているのに驚かされることが割にある。「こんな人でも！」と思ってしまう。伝記作家のなかには、その人物に思い入れをするあまり、それが裏切りでないように強調しようとしたり、それはやむを得なかったと大いに理由づけを試みる人もあるが、読んでいる方としては、「これは何と言っても裏切りじゃないか」と思わざるを得ない。このような例に接しているうちに、裏切りということの人生にもつ意義について、大いに考えさせられた。青春においても、裏切りは重要なテーマである。そのことを具体的にわからせてくれる作品として、次に今江祥智の『牧歌』(理論社、一九八五年)を取りあげる。

仲間

主人公の洋は、産休用の臨時教師として中学校の図画の先生となって赴任する。まず最初、最前列の男生徒が鉛筆を丁寧にけずり、その後で芯をぽきと折る、というのを繰り返しているのを見る。座席表で確かめると、根元という名であった。普通の教師ならすぐそこで注意をするか問いただすかしたであろうが、洋は根元少年の行為があまりに常識はずれなので、ものが言えず立往生してしまう。

洋はまだ独身の青年教師である。私も大学を出てすぐに中学と高校が併設されている学校の教師になったが、青年教師というのは、不思議な存在である。生徒に対しては一人前の大人として振舞っていても、校長・教頭などからは、未だ子どもである、という認識で見られている。自分自身も教師集団の一員として生徒に対しようとしているときと、青年の一人として、大人の教師たちに対抗したい気持になったり、時には実際にそうしてしまうこともある。このあたりのことは生徒たちもよく知っていて、上手に「青年教師」を手玉にとったりすることもある。

洋は他の大人の教師たちと異なり、根元を「お客さん」としてほっておかずに、ともかく家庭訪問をする。一度目は両親とも留守だったが、次はちゃんと約束をしておいたので両親に会えた。両親は教師が家に来てくれることはめったにないと喜んで、無理矢理にビールをすすめ、根元少年の兄が成績優秀だったのに「日本人でないため」に就職できず自殺したことを告げる。根元少年は自分たちの努力がまったく無駄に終ることを知り、鉛筆を削っては芯を折るという無駄な動作を学校で繰返しているが、教師たちは見て見ぬふりをしているだけだった。

根元が絵の才能のあることがわかってきたこともあって、洋と根元は急速に親しくなる。根元は洋がどこで外食したか、何を飲んだかまで、そっとついて行って見ているほどに洋に気持を寄せてくる。根元だけではなく、洋は生徒たちに好かれる。生徒たちは「ひろぼん」という仇名をつけて親しんでくれる。ある生徒は母親に「ひろぼんて誰です」と訊かれ「友だちだ」と返事をする。それを聞いて「友だち――か」と洋は生徒と同級生になったような気持になり、足どりまで中学生気どりで歩くほど、気持のはずみを感じる。

洋の仲間は中学生であって、教師集団ではない。洋は既に述べた永遠の少年的要素を多分にもっている。おだてられると水泳や陸上競技に出て、成功したり失敗したり、という「活躍ぶり」を見せる。それに何となく、「世間を騒がせる」ようなことをつぎつぎとする。徹頭徹尾「大人」に出来あがっている教頭先生は、何かにつけて洋を目の敵にするが、仲間の生徒たちは、洋の気持を汲んでうまく行動してくれる。こんなところの、永遠の少年的な洋の姿は、実にうまく表現されている。

それでは、洋はどうして根元と急激に親しくなったのだろう。それはもちろん洋の正義感とか、性格的なところも多分にある。しかし、一般論として言えば、永遠の少年は弱い者、傷ついた者に同情を寄せることが多い。大人はそんな者は構っておれない、と思っている。大人は自分のことで忙しいのだ。永遠の少年は傷つかない、と言った。しかし、既に述べたように深いところの傷が意識に届かないというのが本当のところであろう。とすると、自分の傷には気づかないにしろ、傷ついた人を見ると放って置けない。あるいは弱い人を見ると——自分の弱さの自覚はないが——「他人事《ひとごと》」と思われない」のである。ここで、永遠の少年がそのままで変らないときは、一時的に同情しても、また新しい同情の対象が現われると、そちらに鞍替えしてしまうことが多い。洋の場合はそうでないことが後ではっきりとしてくる。

洋の仲間にもう一人、異色であるが非常に重要な人物が加わってくる。洋のクラスに転校してきた女性、安芸伊代《あきいよ》である。伊代は年齢よりもはるかに大人びて見え、洋をはじめ他の教師も、むしろ生徒の姉か母親かとさえ思ったほどである。伊代の父がパイロットでアメリカに好きな女性《ひと》が出来て、そのために家族中がなかなかの苦しい思いをして生きている。そのためもあって、彼女はぐんと大人びた中学生になったものと思われる。洋はこの伊代に恋心を抱くようになる。洋が永遠の少年だからと言って、普通の中学生を相手にティーンエージャーの恋愛はできない。さりとて同年輩の女性は大人くさすぎる。そんなときに、丁度その中間にいる魅力的な存在が現われたのだから、恋愛になって当然である。そして、この伊代と根元とが、洋が大人になってゆくための重要な役割を演じてくれることになる。

言ってはならぬこと

洋は漱石の『坊っちゃん』のような活躍をし、大人の教頭先生と渡り合う。ここは『坊っちゃん』とは異なるが、そこに話の実によくわかる校長先生が出現して話がすすんでゆく。それらの詳細は原作を読んでいただくことにしよう。洋は母親のすすめで気の乗らない見合いをするが、かえってそのことによって、伊代への自分の愛を自覚し、母親から年が離れ過ぎていると言われるが、ともかくそのことを母親に打ち明ける。

　ところで、ここでまた羊が現れる。しかし、これは三四目の羊というよりは、三四郎の羊の再来と言った方がいいであろう。洋が母親に伊代への愛を告白しているとき、彼女はニューヨークにいた。彼女の父親が自分の愛人を彼女に引き合わせようとした。つまり、父は離婚・再婚のことを考え、伊代にどちらの「母」を選ぶか選択させようとしたのである。そのような難しい状況にあったので、伊代からの便りを待ちに待っている洋のところには何も手紙が来なかった。しかし、根元のところには伊代から短い文面の便りがあり「ニューヨークはすてきな街ですが、迷子になりそう」とあった。「迷子」から洋は『三四郎』のストレイ・シープを連想した。「迷える小羊《ストレイ・シープ》——と口に出してつぶやくと、それは自分でもあるような気がしてきた」。その夜眠れぬ間に洋は浅い夢を見る。典型的とも言えるような永遠の少年の夢である。要約しつつ引用してみよう。

　夢の中で、「ね、羊の絵を描いてよ」と誰かがささやく。うるさがっているうちに、それは「星の王子さま」だとわかる。洋はサハラ砂漠のなかを星の王子さまと歩き、あまりせっつかれるので、伊代の顔を描きなぐると、王子さまは、「ちがうよ、この羊は病気だよ」と言う。仕方ないので高層ビルの林立する姿を描き、羊はこの街のどこかにいる、というと、王子さまは喜んで、羊を探しに行ってくる、とその絵の街のなかに入りこんでゆく。洋はサハラ砂漠に一人とり残されてしまった。するとはるかかなたの地平線に太陽が昇りはじめた。太陽はあっと言う間に頭上に輝くようになり、洋は暑さとのどの渇きに耐えられなくなる。その上、地平線上に竜巻が起こり、洋の方に飛来してきて、洋を天にまで吹きあげた。巨大な太陽が目の前にあり、洋はまばゆさに目が開けられない。

「(溶ける……)

洋は火球の熱い渦の中でもがいた。

——手足を動かせ!

誰かが叱咤した。

洋はとにかく手足を動かした。熱さが足許から遠ざかり、洋はほっと息をつき、思い切って目を開けた。

早い夏の朝の陽の中で、洋は目を覚ましていた……。」

夢は、ストレイ・シープの連想からはじまった。考えてみると「洋」という名はその中に羊という字をもっているのも面白い。羊の絵をねだりに来た「星の王子さま」

は、御存知のとおり永遠の少年の代表選手である(ユング派の分析家、フォン・フランツがそれについてながながとコメントを書いている)。星の王子さまにとっても羊は大切な存在であったが、洋にとっても羊は大切であった。ただそれは、伊代というストレイ・シープであった。

現代のストレイ・シープは草原の中ではなく、高層建築の林立する街の中にいることを知った後で、洋は完全に孤独になり、続いてかつてのもう一人の永遠の少年の代表であるイカロスと同様の体験をする。イカロスは父親の戒を破り、太陽に急接近を試みて墜落してしまう。永遠の少年の急上昇は急降下につながるものである。イカロスは命を失ったが、洋は助かった。彼は「手足を動かせ!」という声に従ったからである。夢の中できこえてくる声は真実を語っていることが多い。洋にとって「手足を動かす」とは何を意味するのか、それは後にわかることである。

洋は酔った勢いで言ったことを実現することになって、先輩の教師とストリップを見に行く。警官が来たのに「ポリ公　帰れ」と叫んだりして少し派手に動きすぎたが、帰り途を歩きながら、ストリップを見ながら、その踊り子に伊代の面影を一瞬でも重ねてみたりした自分に厭気がさしてきた。「それは孤独に悩んでいるにちがいない伊代に対する一種の「裏切り」のように思えた」。確かにこれはひとつの裏切りである。

しかし、こんな裏切りよりも、もっとひどい裏切りを洋は体験することになる。

洋はストリップを見に行ったとき、後にいるヤクザの見るのを邪魔したとかで、下駄でなぐられたり、それもよくなると盲腸で入院とさんざんな目に会う。ニューヨークから帰った伊代は入院中の洋を見舞うが、他に人がいて親しく話せない。伊代は父親の愛人に会ってきて相当なショックを受けていた。洋は退院した日に伊代から下宿に送られてきた葉書を見た。「あのこと、聞きました。父さんと同じだったのですか。良くも悪くも父さんは男性でした。私、今回の渡米で、悪くも男性である父さんばかり見た気がします。先生も同じだったのですか」。「裏切り」へのしっぺ返しはすぐやってきた。「あのこと」はもちろん、洋のストリップ見物である。

洋の苦しみは深くなる。「あのこと聞きました」という言葉が重くのしかかり、誰が言ったのかと疑心暗鬼になるうちに、根元ではなかろうかと思った。彼の気持は落ちこんでゆき、悪い酒を飲んだ。したたかに酔ってひと眠りした後で、風呂屋に行き、洋はそこで根元に出会った。風呂桶に共につかりながら、酔った勢いで洋は思わず、根元が伊代にストリップの一件を話したのではないか、と訊いた。少年は、洋がえらく酔っていることを確認した後ではあったが、酔っていたとしても「言っていいことと、悪いことがある」と哀し気に言って帰ってしまう。

洋は酔いを引きずったまま帰り床につくが、しばらくたって、根元少年の言葉を思い出し、自分のしたことの意味を悟った。朝までまんじりともせずにいた洋は朝の六時に根元の家まで行ったが、出て来た母親の目を見ると、何も言えなくなった。母親は根元は今日は学校に行かないと告げた。

洋は大変な裏切りをしてしまった。伊代に対する裏切りは、男というものはというような弁解もできたかも知れない。しかし、根元の場合は違った。おそらく、裏切りということも何度も経験し、人間というものあるいは日本人は信頼できないと思いかけていた少年。その少年と両親まで引っ張って、信頼関係というのがこの世にあると思わせたところで、あっさりと裏切ってしまった。これは、海で溺れかけている人に手を差しのべ、喜んであがってきたところでもう一度海の中に突きとばすのと同じことではないか。根元少年は、どんなに酔っていても「言っていいことと、悪いことがある」と言った。まったくそのとおりだ。どうして洋はそんなことをしたのか。

創　作

ところで、洋はこの後どうしたのか。洋は思い切って休暇願いを出し、故郷に帰っているように見せかけ、この前から計画していた個展を実行するため、自分の作品の完成に没頭する。そのなかには根元少年の絵も、伊代の絵もあった。「手足を動かせ！」という助言は、自分の身体を使って創作に没頭することを意味していたのだ。こんなときに借物の倫理観や教育論などでいくら考えてみても、何の答も出て来ないものである。

洋は夢遊病者みたいになって、二週間を創作のために使った。「絵の中の根元少年を、洋はしかと見すえて描いていた。その分だけ、根元少年の方も、洋の心底まで見すかすように、真正面から見すえていた。目には強い光があったが、あのときのように、洋のことを見放した目ではなかった。贖罪の気もちをこめて、洋は根元少年像と真向から組み打っていた。洋は根元少年の中にもぐりこみ、根元少年の目で自分を見すえていた」。

洋は贖罪の気持をこめて絵を描いた。ここの描写を読むと、洋という人間は本当に根元少年のような人間と向い合うのは、絵を通じてこそ可能なのだということがよくわかる。人にはそれぞれその人にふさわしい道があり、洋は教師という道で根元少年に会うタイプではなかったのだ。そのことを洋はよく認識し、学校をやめ東京に出て、絵の道の方に専念することを決意する。洋は自分が社会に出てゆくべき方向を見出したのである。

洋がもし「裏切り」を経験しなかったらどうなっていただろう。人生には思いがけない展開があるので予想などできるわけがないが、もしこのままズルズルと行っていたら、洋と根元少年とその家族の融合関係が深くなってゆき、洋は教師になってゆくにしても、センチメンタルな道を歩み、どこかで続かなくなると、職業を変えるか、学校を変えるかして、みすみす永遠の少年のパターンに陥ってしまうのではないだろうか。誰かに本当に役立つことをするのは同一化することではない。既に述べたように、それはある程度は必要であるが、どこかでは別個の存在としての自覚が必要である。

同一化の程度が強いときは、ひょっとして裏切り以外には分離する方法がないのかも知れない。これが先にも述べたように、これはと思うような人が思いがけない裏切りをすることの秘密なのかも知れない。相手に何らかの欠点を見出したからとか、二人の関係の維持が難しくなったからなどというのではなく、「裏切り」という絶対的な傷を自分が負うことによって別れる。ここで何と言っても悪いのは自分であり、弁解の余地がない。そのような自覚と共に離れることに意味があるのかも知れない。

大人になるということは大変なことである。ひとつの境を越えるにふさわしいだけの傷を負わねばならない。しかし、それが本当に意味をもつときは、その傷が創造の源泉にもなる。あるいは、真に創造的行為によってのみ、その傷は癒されてゆく、と言うことができる。洋の体験した夢遊病者のような創作活動は、おそらくそれまでのものをはるかに超えるものであったろうし、それだからこそ高い評価を得たのである。そして、この作品によって、伊代も根元も洋を許してくれることになった。そこに説明や弁解があったわけでもないし、理屈で考えて許してくれたのではなく、作品の訴えるものから直接に、二人は洋の「裏切り」は避け難いものであることを感じとったのである。

青年期に裏切りを体験しなかった人は、中年になってもっと凄まじい裏切りを体験することになる。しかし、このことは本書の範囲をこえることなので触れずにおく。

4　ボーダーレスの青春

洋は深い傷の自覚と共に、大人になっていった。彼は青春に別れを告げ大人になってしまい、もう二度と青春を体験することはないのであろうか。私はそうは思っていない。たとえば、創造的な人と会うと、その人の中で永遠の少年の元型がはたらいているのを、たといその人が高齢者であっても、感じることがある。元型と人生の関係について、交響楽のたとえを出したことを思い出していただきたい。人生のある時期に、あるいは、あるときに、ある元型が優勢になったとしても、それは他の元型が消滅したことを意味しない。交響楽のなかで、ある楽器がメロディーを受け持ったり、長い間休んでいたりするのと同様である。と言っても、人間全般としてみれば、そこにある程度の傾向があることも否めない。そのような観点から青春を見直し、かつ、これまで述べてきたことのまとめともしたい。

人生の段階

人間が生まれてから死ぬまでには、それ相応の段階がある。非近代社会においては、子どもと大人の区別が明確で、子どもはある年齢を期して大人になる、ということは既に述べた。このような単純な区分けよりも、もう少し詳細な段階分けを試みることは、古来からなされており、よく知られているものとしては、孔子の唱えた説や、インドにおける四住期などがある。これらについては、ここでは触れない。

近代になってから、西洋において心理学が発達してくるにつれて、人生の段階を乳児期、幼児期、児童期、青年期、と分けて考えることが通常のこととなった。そして、人間の進歩、発達ということを重視する考え方と共に、青年期に対する関心がにわかに高まってきた。そして、それは単に成人になる準備段階としてよりは、新しい進歩の可能性をもたらす時期として注目され、その時期に少々の荒れが生じるのも当然と考えられた。それは夢多き時期のはずであった。

このような型どおりの青年期の理解が、ごく最近になって急激に崩れてきだしたし、これまでに述べてきたように、そこにおける「夢と遊び」ということも型どおりの理解ではすませられないようになってきた。現代の問題は、あらゆるところでボーダーレスになってきたということである。これまで相当に明確と思われていた、男と女、長と幼、教師と生徒、仕事と遊び、現実と夢、などが思いの外にボーダーレスであると考えられはじめた。したがって、善と悪ということもそれほど明確には区別できなくなってきた。

こう考えてくると、人生の時期をある程度区切ったり、その特徴を知ったりすることは必要はあるにしても、それを絶対的と考えるのも、やはりおかしいのではないか、ということになる。極言すると、青春は至るところにあり、と言うことになる。これまで述べてきたことから思い返しても、『アムリタ』のなかの小学生の由男は相当に青春の本質にかかわっていた、と言えないだろうか。あまり詳述はしなかったが、『キルプの軍団』で、百恵さんという女性を助けるために努力を払う忠叔父さんの心の中に、青春のはたらきを認められないだろうか。『TUGUMI』の主人公は、時に幼児のように無防備であったり、老人のように狡猾ではなかっただろうか。年齢と関係のない、心のはたらきというのがあるのだ。

　ただし、このことは発達段階の考えが無効だとか有害だとか言うのではない。そのことを知っていることは大切だ。しかし、それが「科学的」だから絶対だなどと思わない方がいいのである。本当に科学的に研究すると、それはある程度のことであって、絶対的でないことなどすぐわかるはずである。

　それに加えて、夢と遊びなどという、言わばボーダーを壊すのを専門にしているようなものを対象にすると、ますます話は相対化されてきてしまう。そのなかで、これまである程度の筋をつけて述べてきたと思う。これで何の筋もなかったら、まったく混乱してしまうからである。『牧歌』のなかの洋も、一種の「卒業」を体験したと言えるが、それは、『キルプの軍団』のオーチャンのそれとは様相を異にしている。やはり年齢差ということを歴然と感じさせられる。

　青春と言っても、その様相は種々様々である。青春のなかのどのような側面が、今の自分にとって大切なのかを自覚する必要がある。確かに七十歳になっても、青春が訪れてくることもあるが、さりとて、そのときは自分が若者と同じように行動できるなどと思うと大失敗をしてしまう。ことに、青春というのを人生の一番いい時と勝手に決めて、いつまで経っても若者の真似をしようとするのなどは、まったく馬鹿げている。人生の味はもっと多様で深い。

現代日本における特殊な問題は、大学入試までの「勉強」が厳しいために、そして大学における課題が欧米に比して安易すぎるために、大学生になるや否や「遊び」に力を注ぎすぎることであろう。しかも、それはあくまで、勉強対遊びという単純な対比のなかで考えられるので、これまで述べてきた遊びの多様さと関係なく、ボーダーレスな遊びのもつ不思議な味を失ってしまうことになる。それは単純な休養や解放にのみつながって、深みを失いがちになる。

その点で『キルプの軍団』のオーチャンという高校生が、勉強対遊びという図式と関係なく、遊びとも仕事とも、現実とも夢とも区別しにくいようなことに巻き込まれていって、最後は思いがけなく「遅れの神」という時代を超えた存在によってイニシエートされていったことは、示唆するところが大きいと言わねばならない。

春の布置《コンステレーション》——エピローグ

青春というのは私にとっては最も苦手な主題だと思う。これまでいろいろと本を書いてきたが、青春を取りあげたことはなかった。自分の青春時代は、戦争中と敗戦後の灰色の世の中のことで、あまり「青春」という感じがしなかったということが大きいと思う。文献を調べたり、頭で考えたりしたことよりも、自分の体験を基にして書いていることが多いので、私が青春について書けなかったのも当然である。

編集者から「青春の夢と遊び」というテーマをいただいたとき、私は自分の中で何か新しいものが動き出しているのを感じ、あまり自信がなかったにもかかわらず同意をした。今年で停年退官だということも大きかったことと思う。退官して本当にもう一度何か新しいことができるのか、あるいは、今までの財産を少しずつ食いつぶす形になるのか試してみようという気持もあった。そんなことを思いつつ、気分を一新するつもりで、アメリカのプリンストン大学の客員研究員として、この春に渡米した。

プリンストンでは学生に混って講義を聴講したり、ディスカッションに出席したり、久しぶりに学生気分を味わった。そのときの経験の一端は既に少し述べた。ところで滞米中に面白い経験をした。プリンストンには四月のはじめに行ったので、はじめは木々も冬の姿のままだったが、だんだんと芽が出てくるし、あちこち花も咲きはじめ、春を満喫することができた。そのうち、ミネアポリスの箱庭療法研究会に招かれ五月はじめに、そこに講義に行くと、なんとそこはまさに春！　だったのである。その上、五月末に帰国の途上に、これまたアンカレッジの箱庭療法の研究会に招かれて行くと、アンカレッジは春たけなわなのであった。つまり、私は今年は春を三回も経験したのである。

私は「春」のコンステレーションのなかにいるなと思っていたら、アンカレッジで不思議な夢を見た。

夢の中で、私はあらたに就職することになっていた。不思議なことに私は大学を卒業してはじめて就職する、という感じになっていた。就職するのは神戸のあたりの高校ということだった。私は神戸工業専門学校というのを卒業しているので、また神戸の友人たちとつき合うことになり、なつかしいなと思い、友人のHのことを思い出す、そして、もう一人の友人Iのことを思い出したときに、おかしいなIは亡くなっているはずなのだが、と思ったときに目が覚めた。

これは私にとって極めて印象的な夢であって、退官後にどんなことをしようかとか、どんな方向にすすむのかなどと思っていたが、夢は明確に私が高校の教師になることを示していた。このことは、私が大学を卒業したときに一生高校の教師をすると明言していたことと密接に関連している。そして僅か三年で高校をやめて大学に移ることになったとき、「敵前逃亡」のような後ろめたい気持を感じながら最後の挨拶に生徒たちの前に立ったことを覚えている。夢は幸いにも私に青春が返ってきて、再び高校の教師に挑戦し得ることを示している。

ここで二人の友人、HとIのことを想起しているのも面白い。この二人は神戸工業専門学校電気科に在学していたときの親しい友人で、Hは高校の教師になりIは大学の教官になった。Iが亡くなったのも事実で、最近亡くなったのだが、私は葬式に参列できず心残りがしていた。しかし、ここで夢がこの二人の友人を選んだのは特徴的で、大学の教官の友人の方が死亡しているのは、私が大学を退官し、再び「高校の教師」となることを暗示している。Hはおそらく高校教師のベテランとして私のよきガイドになるに違いない。

ここで、高校の教師になるということを文字どおりにとる必要はない。私はもう残念ながら高校の数学の教師にはなれないだろう。しかし、高校生程度の学力のある人たちに役立つ仕事を私が今後続けてゆくべきこと、および、「大学教授」として何だか難しいことを言う必要がないことを示している。しかし、夢の最後のあたりで、私が青年教師として就職するということと共に、大学を退官した老人であることも意識しているわけだから、この両者を兼ねそなえた意味での「高校教師」でなければならない。

本書はこんなわけで、私の「高校教師」としての第一作になったが、読者の方々はどのように受けとめられるだろうか。

あとがき

「青春の夢と遊び」というタイトルを編集者より示されたときは、私には向いていないと感じ、お断りしようとさえ思った。しかし、私はこれまで多くの書物を書いているが、「青春のところだけが脱けているのです」と編集者に言われてみると、なるほどそうだったかと思うと共に、少し気持も変ってきた。確かに私は、『子どもの宇宙』『大人になることのむずかしさ』『中年クライシス』『老いのみち』『生と死の接点』と人生の段階に従って並べられるような書物を書いているが、「青春」のところが脱けている。それは、本文中にも書いているように、私にとって苦手な話題である。

しかし、編集者の上手なおだてに乗っているうちに、これは面白いことになる、という予感がして引き受けることにした。その間に、エピローグに書いたように、私の背後に「春」のコンステレーションができてきたようで、思いの他に早く書くことができた(と言っても、編集者は大変だったろうが)。青春が乗り移ってきたなと感じているうちに遂には筆が滑って、私の夢や遊びまでなかに入り込んできてしまったりしたが、これも「若気の至り」と思って読者は寛恕されたい。

夏にはヨーロッパに旅行し、ドレスデンに行った。学生時代に愛読し、本書にも取りあげたホフマンの『黄金の壺』の舞台であるエルベ川畔には、前から是非行ってみたいと思っていたので、ホテルに着くや否やエルベ川を訪れた。共産圏時代に汚染にまかされ、エルベは「世界で最も汚染された川」と言われるまでになったとか。残念ながらその名残りは消え去っておらず、ゼルペンティーナもどこへ行ってしまったのか、ともかくここに住めないのは確実と思われた。

エルベ川畔に緑の蛇が住む時代は終ってしまった。そのような現代の青春について書くことも、私の使命であると思った。しかし、それは実に困難なことである。現代青年の深い苦悩は、本人でさえ表現できないほどのものだ。私は現代の青年に会っていて自分の無力さと限界を痛感させられるときがある。深淵に魚がいることはわかっていても、私が用意できる釣糸は明らかに短かすぎる。だからと言って、表層の水や藻を採集して「分析」してみても、その分析がいかに正しくとも、それは役に立たない、のは当然である。

実際に心理療法の場でお会いしている人のことを詳しく語れないということと、さすがに文学作品は人間の心の深みを表現してくれている、ということから、本書においてはいろいろな文学作品を素材として使わせていただいた。使用させていただいた作品の作者に、ここにお礼を申しあげると共に、勝手な引用や解釈をしたことについてお詫びを申しあげたい。

現代の学生の「本離れ」はよく指摘されるところである。そんなこともあるし、「青春」と言っても、結局は私の心のなかのそれを書いたものだから、あんがい本書は中・高年の人々に読まれるのではないか、という気がしている。本文にも記しているとおり、「青春」は人生の一時期だけ、などという馬鹿げたことはない、と私は思っている。ただ、このことは、いくら年老いても「若々しく」生きるのがよい、と考えているのでもないことは、本文を読んで下さるとわかるであろう。

本書の成立に当っては、先にも述べたように、岩波書店編集部の高村幸治さんにひとかたならぬお世話になった。ここに心からお礼申しあげたい。

一九九四年夏

著　者

解説

河合俊雄

河合隼雄と青春

著者による「あとがき」にもあるように、本書は、青春について河合隼雄の著作がないからという理由で、編集者の求めに応じる形で執筆されたものである。確かに〈子どもとファンタジー〉というシリーズが成立することからしてわかるように、河合隼雄は子どもを得意なテーマとしていて、『子どもの宇宙』をはじめとして何冊も本を書いている。また中年期や老年期についても様々な形で書いている。しかし本書の中でもふれているように、青春というのは「最も苦手な主題だ」という意識があって、避けてきたというのは否めないと思われる。

これについて著者は、「自分の青春時代は、戦争中と敗戦後の灰色の世の中のことで、あまり「青春」という感じがしなかったということが大きい」としている。確かに五男であった河合隼雄とは違う時代を生きた長兄の仁伯父の話を聞くと、旧制高校、大学時代はまさに青春物語である。時代と経験の違いは大きかったかもしれない。しかし心理学者として、しかも生育史で説明するのではなくて、個人を超えた無意識やイメージを重視するユング心理学者の立場からして、あまり納得できない説明である。ましてや多くの青年期のクライエントに心理療法家として会ってきた経験はどこに行ったのであろうか。

涙と文学

村上春樹原作で蜷川幸雄演出による『海辺のカフカ』の演劇のパンフレットに、河合隼雄の編集者の一人であった寺島哲也は、「田村カフカとジュリエット——思春期の森の中へ」という文章を寄せている。ジュリエットは十四歳で、まさに怒濤の思春期を生き抜いた人物である。蜷川幸雄演出の『ロミオとジュリエット』を河合隼雄と一緒に観劇に行った寺島は、隣の席で河合隼雄が何度もそっと涙を拭うのに気づいたという。思春期とは、河合隼雄にとってわからないものではなくて、涙するしかない、語りえないものだったのだろう。わからないからではなくて、語りえず、あまりにも大切なものであったからこそ簡単には書けなかったのだと思われる。

まさに『ロミオとジュリエット』を観劇して思春期について思いをはせていたよう

に、語りえない思春期を語らしめてくれるのが文学である。本書では、夏目漱石の『三四郎』を手始めに、多くの文学作品を手がかりに青春を論じている。三四郎は東京に出てきて驚くことばかりである。著者が言うに、青春に「驚き」はつきものである。そして単なる驚きを超えて、自分という存在全体が動かされたように感じる体験として、美彌子という異性との出会いがあるという。

また青年期というのが、非近代社会では子どもから大人へと通過儀礼によってスムーズに移行するのでそもそも存在せず、青年期が存在することが近代社会の特徴であるという指摘は興味深い。『三四郎』は、明治時代という前近代の世界から近代社会への移行期に書かれたもので、まさに青年期の誕生と関わっている。ユング心理学ではこころの普遍的な内容を明らかにするために、歴史を超えた神話や昔話に拠ることが多いけれども、それは青年期に関しては通用せず、むしろ文学の領域に拠ることになっていくのである。

青年期と時代性

本書で取り上げられている文学作品が、多くの場合に対になっているのが興味深い。第一章では『三四郎』は吉本ばななの『ＴＵＧＵＭＩ』と対になっていて、青春という甘いイメージを打ち砕くアンチ・センチメンタリズムが『TUGUMI』の分析から強調される。第二章では『三四郎』に出てくる、有名な迷羊《ストレイシープ》から、村上春樹の『羊をめぐる冒険』と比べられる。あるいは第三章におけるホフマンの『黄金の壺』は吉本ばななの『アムリタ』と対をなしている。

これにはまず青春や青年期そのものが近代に特徴的なこと、そしてそれだけではなくて、それがさらに現在において変化してきていることと関係している。それどころか既に本書の中に青年期の消滅ということさえ言われていることが指摘されているのである。本書が書かれたのは一九九四年であるが、その傾向は二十年を経てますます強まっているように思われる。青年期は平穏になり、若者はだいそれた理想や目標を抱かなくなり、世代間の対立は薄まってきている。

本書の題が『青春の夢と遊び』となっているように、夢は将来の夢という意味でも、実際に夜に見る夢という意味でも、本書における一つの重要なテーマであり、切り口である。ところがその意味づけは時代によって大きく変わってきている。「かつての青春は、現実と夢とを明確にわけ、その夢をいかに現実化してゆくか、というところに意義を見出そうとした」。それに対して著者は現代について、「外界と内界、夢と現実などと区別している境界が極めてあいまいになってゆくのを感じる。そのようななかに、現代の青春はあるのだ」と指摘している。第三章「青春の夢」は非常に示唆に富んでいて、本書が書かれた後の二〇〇〇年代に増加していった発達障害の心理療法のことなどを考えても参考になるところが多いと思われる。著者が青春や夢について、まず古典的なものや本質的なものを踏まえて、そこから現代のことを考えているからこそ、論が古びていかないのであろう。

遊び

遊びをテーマにしている第四章「青春の遊び」は、著者の自家薬籠中の領域である。当意即妙な冗談を得意とした著者は、本人には苦手な青春について、ややまじめに文学作品に拠って論じてきたスタイルを一変させて、この章では自由に述べている。遊びとまじめのバランス、遊び／聖なるもの／俗なるものの円環構造が印象的である。

また芸術やスポーツの例えが非常に多いのが目につく。現代において、宗教的なことや聖なるものへの通路は、むしろ遊びの領域に属する芸術やスポーツによって可能になるのではということが示唆されている。遊びと言えば、他の章に、著者の創作と思われる夢が挿入されているのもなかなか楽しめる。

青春の遍在

夢と現実の境界があいまいになってきたということは、青春は消滅したとも言えるけれども、逆に常に青春の可能性が開けているということではなかろうか。第五章「青春の別離」において、男女、年齢、現実と夢などが現代においてボーダーレスになってきたからこそ、著者は逆説的に、「極言すると、青春は至るところにあり、と言うことになる」と結論づける。遍在していると、青春はくり返し訪れることになる。著者は、六十五歳で停年退官を迎えて、プリンストン大学に四月に行くと、木々が芽吹いてきてまさに春であった。次に五月初めにミネアポリスに箱庭療法研究会に招かれていくと、再びそこは春であった。さらに五月末に帰国の途上にアンカレッジの研究会に招かれていくと、今度はそこが春たけなわで、三回も春を経験したという。

これは停年退官というある意味での死を迎えての再生とも考えられ、著者が指摘するように、まさに「春」のコンステレーションのなかにいて、そこから本書のような著者にとって「苦手な」テーマの執筆も可能になったのであろう。また三回訪れた春は、そのような再生がくり返し訪れてくることを示しているとも考えられる。

本書を例外として、河合隼雄はあまり青春について述べていない。ましてや自分自身の青春について語っていない。最晩年に書かれた、自伝的な小説である『泣き虫ハァちゃん』(新潮文庫)も、十歳における危機を迎え、それを克服する方向が見えたところで、残念ながら病に倒れたために終わっている。青春について、訪れるべき春は描かれていないのである。その小説は次の言葉で締められている。

しかし、ハァちゃんは冬が去って春が来つつあるのを感じとっていた。「鶯《うぐいす》でも鳴くんとちゃうやろか」。そんな晴れやかな気持で庭の景色を眺めていた。

河合隼雄にまた春が訪れてくることを祈ってこの解説を閉じたい。

二〇一四年　お彼岸前

(かわい・としお　臨床心理学者)

〈子どもとファンタジー〉コレクション 刊行によせて

このコレクションは、父河合隼雄が「子ども」や「ファンタジー」をテーマにして著した本を集めたもので、〈心理療法〉コレクションに続くものになっている。

心理療法家であった河合隼雄にとって、子どもというのはもちろん重要なテーマである。チューリッヒでユング派分析家資格を取得して一九六五年に帰国した後に、真っ先に直面したのは不登校の子どもたちである。「肉の渦」の夢を語ってくれた少年に出会い、そこから個人的な母子関係を超えた、日本における普遍的な母なるものの強さと破壊性と取り組まざるをえなくなったのも、「子ども」というテーマの持つ重要性と広がりを示している。このコレクションでも、『子どもと悪』『大人になることのむずかしさ』において、心理療法から見えてきた子どもの問題、さらには子どもという存在の本質についての考え方が展開されている。

しかしこのコレクションの最初の三冊である『子どもの本を読む』『ファンタジー

を読む』『物語とふしぎ』は、主として「児童文学」と言われる様々な作品についての河合隼雄の読みと解釈から成り立っている。児童文学といっても、河合隼雄がくり返し述べているように、それは子どものための本というのではない。それは大人にも読めるものであって、複雑な技巧を凝らした文芸作品よりも、はるかに「たましいの真実」にふれていると考えられる。「七歳までは神のうち」と言われるように、子どもは神に近く、たましいに近い。それは河合隼雄の表現では、子どもにとって現実の多層性がファンタジーとして現れてきやすいことに示されている。その意味で「子ども」というのは対象ではなくて、「大人の濁った目よりも、子どもの澄んだ目で見る方が」たましいの真実がよく見えてくるとされているように、視点であり、主体なのである。また、子どもの本を読むということが、心理療法でクライエントに会うということに通じているという説明も、納得させられるところである。

このように「子ども」というのが河合隼雄にとってとても重要なテーマであったことがわかり、著作集においても計三巻に、「子ども」という言葉がタイトルに入っており、その他の巻でも子どもに関連するものが多い。その意味で〈子どもとファンタジー〉コレクションとして一連の著作をまとまって手に入れやすい形で提供できる意義は大きいと思われる。ただ『子どもの宇宙』は、このテーマに関するものの中で非常に重要であるけれども、新書で出版されているので、ここには含まれていない。また『大人になることのむずかしさ』と『青春の夢と遊び』は、子どもだけでなくて、青年期をテーマにしたものである。

今年は河合隼雄七回忌を迎える。本コレクションがそれを記念するものの一つとなれば幸いである。岩波書店以外で最初に出版されたものについては、版権の承諾に関して講談社にご理解をいただき、感謝している。また多忙にもかかわらず各巻の解説を快く引き受けていただいた方々、それに企画、様々なチェックをはじめお世話になった岩波書店の佐藤司さんに、こころから感謝したい。

二〇一三年五月吉日

河合俊雄

本書は一九九四年岩波書店より、次いで一九九八年講談社より講談社+α文庫として刊行された。底本には『河合隼雄著作集第Ⅱ期9　多層化するライフサイクル』(岩波書店、二〇〇二年)を用いた。

〈子どもとファンタジー〉コレクションⅥ
青春の夢と遊び

2014年4月16日　第1刷発行

著　者　河合隼雄《かわいはやお》

編　者　河合俊雄《かわいとしお》

発行者　岡本　厚

発行所　株式会社　岩波書店
〒101-8002 東京都千代田区一ツ橋 2-5-5

案内 03-5210-4000　販売部 03-5210-4111
現代文庫編集部 03-5210-4136
http://www.iwanami.co.jp/

印刷・精興社　製本・中永製本

ISBN 978-4-00-603259-3　　Printed in Japan

岩波現代文庫の発足に際して

新しい世紀が目前に迫っている。しかし二〇世紀は、戦争、貧困、差別と抑圧、民族間の憎悪等に対して本質的な解決策を見いだすことができなかったばかりか、文明の名による自然破壊は人類の存続を脅かすまでに拡大した。一方、第二次大戦後より半世紀余の間、ひたすら追い求めてきた物質的豊かさが必ずしも真の幸福に直結せず、むしろ社会のありかたを歪め、人間精神の荒廃をもたらすという逆説を、われわれは人類史上はじめて痛切に体験した。

それゆえ先人たちが第二次世界大戦後の諸問題といかに取り組み、思考し、解決を模索したかの軌跡を読みとくことは、今日の緊急の課題であるにとどまらず、将来にわたって必須の知的営為となるはずである。幸いわれわれの前には、この時代の様ざまな葛藤から生まれた、人文、社会、自然諸科学をはじめ、文学作品、ヒューマン・ドキュメントにいたる広範な分野のすぐれた成果の蓄積が存在する。

岩波現代文庫は、これらの学問的、文芸的な達成を、日本人の思索に切実な影響を与えた諸外国の著作とともに、厳選して収録し、次代に手渡していこうという目的をもって発刊される。いまや、次々に生起する大小の悲喜劇に対してわれわれは傍観者であることは許されない。一人ひとりが生活と思想を再構築すべき時である。

岩波現代文庫は、戦後日本人の知的自叙伝ともいうべき書物群であり、現状に甘んずることなく困難な事態に正対して、持続的に思考し、未来を拓こうとする同時代人の糧となるであろう。

(二〇〇〇年一月)

S240
ファインマンさんは超天才
C・サイクス
大貫昌子訳

仲間の科学者たちから見たファインマン、家族や友人、そして自らが語るファインマンなど、インタビューと写真で綴る天才科学者の素顔。〈解説〉R・レイトン

S241
医療が病いをつくる
―免疫からの警鐘―
安保徹

難病とされる病気の成り立ちを、免疫学の立場から解き明かし、包括的な人体観、病気観に基づいて、病気にならないための生き方を提示する。

S242
創造都市への挑戦
―産業と文化の息づく街へ―
佐々木雅幸

芸術文化、職人企業、自治が開花する街づくりこそ、内外で関心が高まる創造都市への道である。ボローニャ、金沢他第一線での模索を大幅に加筆して紹介。

S243
胡同《フートン》の記憶
北京夢華録
加藤千洋

北京の横町「胡同」。特派員として二度の滞在経験を持つ著者が再開発で消えゆく古い町並みを惜しみつつ、胡同に暮らす人びとの姿を描く。

S244
高木仁三郎セレクション
佐高信
中里英章編

生涯をかけて原発問題に取り組み、二〇〇〇年にガンで逝去した市民科学者・高木仁三郎。若い人に読み継がれてほしい二十二篇を精選した。岩波現代文庫オリジナル版。

2014.4

岩波現代文庫［社会］

S245
学問の冒険
河合雅雄

日本独自のサル学を切り拓いた著者が、探検と冒険の喜びに満ちた半生をふりかえり、学問の創造性を育む「雑木林の思想」の魅力を存分に語る。

S246
未来からの遺言
―ある被爆者体験の伝記―
伊藤明彦

吉野さん(仮名)が語った感動の被爆体験に重大な謎があった。それは幻の語りだったのか。被爆者の声を聞き取り続けた著者が問う衝撃の書。〈解説〉今野日出晴

S247
砂の文明 石の文明 泥の文明
松本健一

「砂の文明」のイスラム圏、「石の文明」の欧米、「泥の文明」のアジア。「文明の衝突」論を批判し、「泥の文明」の可能性を追求する。

S248
脳の学習力
―子育てと教育へのアドバイス―
S・J・ブレイクモア
U・フリス
乾敏郎
山下博志
吉田千里 訳

脳科学の最新の研究が脳のメカニズムを解明する。早期教育の有効性、効率的に脳を発達させる方法、熟年世代の学習の可能性を考察する平明な一冊。

S249
営業をマネジメントする
石井淳蔵

個人がすべてを背負う属人営業から組織中心の合理的な営業へ。営業プロセスごとの専門性を高めて、顧客の多様なニーズに応える。

2014. 4

S250
中華万華鏡
辻　康吾

庶民の日常生活から国際紛争への対処まで様々な事象の背景をなす中華世界の容易に変わらない深層を探り、中国理解のための鍵を提供する。岩波現代文庫オリジナル版。

S251
ことばを鍛えるイギリスの学校
―国語教育で何ができるか―
山本麻子

幼い頃から自分の力で考え、論理を築き、説得的に表現できるよう日々鍛えられる英国の子どもたち。密度の濃い国語教育の実態を具体的に紹介する最新改訂版。

S252
孤独死
―被災地で考える人間の復興―
額田　勲

大震災をようやく生きのびた人びとが、仮設住宅で、誰にもみとられずに亡くなっていくのは何故か。日本社会の弱者切り捨ての実態に迫る渾身のレポート。〈解説〉上　昌広

S253
日本の空をみつめて
―気象予報と人生―
倉嶋　厚

気象と文化をめぐるエッセイ。身近な「天気」と人生との関わりを俳句や故事成語を交えて語る思索の旅。気象予報の現場で長年活躍してきた著者の到達点。

S254
〈子どもとファンタジー〉コレクションⅠ 子どもの本を読む
河合隼雄
河合俊雄編

「読まないと損だよ」。心理療法家が、大人にも子どもにもできるだけ多くの人に読んでもらいたい児童文学の傑作を紹介する。〈解説〉石井睦美

2014. 4

岩波現代文庫［社会］

S255
〈子どもとファンタジー〉コレクションⅡ
ファンタジーを読む
河合隼雄
河合俊雄編

ファンタジー文学は空想への逃避ではなく、時に現実への挑戦ですらある。心理療法家が、ル＝グウィンら八人のすぐれた作品を読む。〈解説〉河合俊雄

S256
〈子どもとファンタジー〉コレクションⅢ
物語とふしぎ
河合隼雄
河合俊雄編

人は深い体験を他の人に伝えるために物語をつくった。児童文学の名作を紹介しつつ、子どもと物語を結ぶ「ふしぎ」について考える。〈解説〉小澤征良

S257
〈子どもとファンタジー〉コレクションⅣ
子どもと悪
河合隼雄
河合俊雄編

創造的な子どもを悪とすることがある。理屈ぬきに許されない悪もある。悪という永遠のテーマを、子どもの問題として深く問い直す。〈解説〉岩宮恵子

S258
〈子どもとファンタジー〉コレクションⅤ
大人になることのむずかしさ
河合隼雄
河合俊雄編

カウンセラーとしての豊かな体験をもとに、現代の青年が直面している諸問題を掘り下げ、大人がつきつけられている課題を探る。〈解説〉土井隆義

S259
〈子どもとファンタジー〉コレクションⅥ
青春の夢と遊び
河合隼雄
河合俊雄編

文学作品を素材に、青春の現実、夢、遊び、性、挫折、死、青春との別離などを論じ、人間としての成長、生きる意味について考える。〈解説〉河合俊雄

2014.4

岩波現代文庫［社会］

S260
世阿弥の言葉
—心の糧、創造の糧—
土屋恵一郎

世阿弥の花伝書は人気を競う能の戦略書である。能役者が年齢とともに試練を乗り超えるためのその言葉は、現代人の心に響く。

S261
戦争とたたかう
—憲法学者・久田栄正のルソン戦体験—
水島朝穂

軍隊での人間性否定に抵抗し、凄惨な戦場でも戦争に抗い続けられたのはなぜか。稀有な従軍体験を経て、平和憲法に辿りつく感動の軌跡。いま戦場を再現・再考する。

S262
過労死は何を告発しているか
—現代日本の企業と労働—
森岡孝二

なぜ日本人は死ぬまで働くのか。株式会社論、労働時間論の視角から、働きすぎのメカニズムを検証し、過労死を減らす方策を展望する。

S263
ゾルゲ事件とは何か
チャルマーズ・ジョンソン
篠﨑務訳

尾崎秀実とリヒアルト・ゾルゲはいかに出会い、なぜ死刑となったか。本書は二人の人間像を解明し、事件の全体像に迫った名著増補版の初訳。〈解説〉加藤哲郎

S264
あたらしい憲法のはなし 他二篇
—付 英文対訳日本国憲法—
高見勝利編

日本国憲法が公布、施行された年に作られた「あたらしい憲法のはなし」「新しい憲法 明るい生活」「新憲法の解説」の三篇を収録。

2014. 4

岩波現代文庫[社会]

S265
日本の農山村をどう再生するか
保母武彦

過疎地域が蘇えるために有効なプログラムが求められている。本書は北海道下川町、島根県海士町など全国の先進的な最新事例を紹介し、具体的な知恵を伝授する。

S266
古武術に学ぶ身体操法
甲野善紀

桑田投手が復活した要因とは何か。「ためない、ひねらない、うねらない」、著者が提唱する身体操法は、誰もが驚く効果を発揮して各界の注目を集める。〈解説〉森田真生

S267
都立朝鮮人学校の日本人教師
—一九五〇—一九五五—
梶井陟

朝鮮人の子どもたちにも日本人の子どもたちと同じように学ぶ権利がある! 冷戦下、廃校への圧力に抗して闘った貴重な記録。〈解説〉田中宏

S268
医学するこころ
—オスラー博士の生涯—
日野原重明

近代アメリカ医学の開拓者であり、患者の心を大切にした医師、ウィリアム・オスラー。その医の精神と人生観を範とした若き医学徒だった筆者の手になる伝記が復活。

S269
喪の途上にて
—大事故遺族の悲哀の研究—
野田正彰

かけがえのない人の突然の死を、遺された人はどう受け容れるのか。日航ジャンボ機墜落事故などの遺族の喪の過程をたどり、悲しみの意味を問う。

2014.4